© 2025 Sociedad Misionera Internacional, Iglesia Adventista del Séptimo Día, Movimiento de Reforma, Asociación General. Reservados todos los derechos. ninguna parte de esta publicación puede ser editada, alterada, modificada, adaptada, traducida, reproducida o publicada por cualquier persona o entidad sin autorización previa por escrito autorización de la Sociedad Misionera Internacional. Escribir a publishing@sda1844.org para autorización.

Primer Semestre 2025

LA OBRA DE DIOS A TRAVÉS DE LOS JUECES
Autor: Antonino Di Franca
Revisión: Instituto Investigativo Ministerial
Asociación General

Traducción, edición y diseño: Departamento de Publicaciones
Asociación General

LECCIONES DE ESCUELA SABÁTICA

PRIMER SEMESTRE 2025

LA OBRA DE DIOS A TRAVÉS DE LOS *Jueces*

Sociedad Misionera Internacional
Iglesia Adventista del Séptimo Día
Movimiento de Reforma

Asociación General

625 West Avenue, Cedartown, GA 30125 EE.UU.
Tel.: +1 770 748 0077 Fax: +1 770 748 0095
Correo: info@sda1844.org
www.sda1844.org

CONTENIDO

Introducción 5
1. Las promesas del pueblo 7
2. Una conquista incompleta 14
3. Israel puesto a prueba 21
4. La infidelidad de Israel 28
5. Otoniel, Aod y Samgar 35
6. Débora y Barac 42
7. Himno de liberación 49
8. El llamado de Gedeón 56
   *Informe misionero del Departamento de Evangelismo
   de la Asociación General* 63
9. Victoria con pocos 66
10. Conflicto interno y externo 74
11. Abimelec y Jotam 81
12. Tola y Jair—jueces de Israel 90
13. Dios usó a Jefté para liberar a Israel 97
14. Jefté, Ibzán, Elón y Abdón 104
15. El nacimiento milagroso de Sansón 110
16. La fiesta de las bodas de Sansón 117
17. Sansón juzgó a Israel durante veinte años 123
    Informe misionero del Campo de Curazao 129
18. Fracaso y muerte 131
19. Idolatrías privadas y sacerdote 138
20. La búsqueda de territorio por parte de los danitas 145
21. Perdón y hospitalidad 153
22. Cuando el mal no se corrige 160
23. Exceso y remordimiento 168
24. La historia de Rut 175
25. Eli—sacerdote y juez 182
26. Samuel—sacerdote, profeta y juez 190
    Informe misionero del Campo de Honduras 197

INTRODUCCIÓN

Inmediatamente después del libro bíblico de Josué, el libro de Jueces cuenta la historia de la división y conquista de la tierra prometida por parte de Israel. No se completó en tiempos de Josué, ya que las tribus eran responsables de enfrentar a los cananeos y desposeerlos. Sin embargo, la historia bíblica muestra que no todas las tribus pudieron vencer a los cananeos restantes que habitaban los territorios que les fueron asignados. Algunos perseveraron y completaron la obra, pero otros fueron débiles y no lograron hacerse cargo de sus áreas. Esto tuvo consecuencias muy difíciles, ya que algunos israelitas vivían muy cerca de los paganos e incluso practicaban su culto, olvidándose del Dios verdadero y siendo dominados por ellos.

Los jueces estuvieron activos en el período intermedio entre la entrada y ocupación de la tierra prometida bajo Moisés y Josué y la época de los reyes. Cuatro tendencias se repitieron continuamente durante este período: (1) Apostasía de Dios y su voluntad, (2) invasión u ocupación por naciones extranjeras que ganaron dominio sobre Israel durante muchos años, (3) clamor al Señor por ayuda y liberación de sus enemigos y (4) el llamado del Señor a un juez para guiar al pueblo y liberar al país de los invasores. Esto continuó durante algunos siglos, aproximadamente del 1400 al 1050 a.C.

Algo más que caracterizó la época de los jueces fue la falta de continuidad. Cuando un juez moría, el siguiente no lo reemplazaba inmediatamente. A menudo hubo lagunas de hasta décadas, en las que no había ningún individuo a quien el pueblo acudiera en busca de orientación nacional. Por un lado, esto hizo que dependieran más de Dios que del hombre; pero, por otra parte, a menudo conducía a inestabilidad y confusión. Cuando un juez no desempeñaba adecuadamente su cargo, no pasaba mucho tiempo antes que fracasara la lealtad del pueblo. Por eso las Escrituras decían a menudo, después de hablar de situaciones difíciles y cuestionables: "En aquellos días no había rey en Israel, sino que cada uno hacía lo que bien le parecía" Jueces 17:6; 21:25.

Por lo tanto, vemos, que cuando el pueblo estaba en el desierto y durante el período de los jueces fue tanto de luz como de oscuridad. Dios realizó actos extraordinarios y milagrosos por su pueblo; y luego, tan pronto como el ser humano fuerte que el Señor usó se fue, el pueblo volvió a caer en la apostasía. Podemos decir que fue la historia, por un lado, de debilidad y fragilidad del hombre, que prometió fidelidad y obediencia pero no cumplió su palabra, mientras que por otro lado se vio la fidelidad de Dios al cumplir sus promesas a pesar de la indignidad del pueblo. En este sentido, la lección que se debe aprender del libro de los jueces —pasar de la adversidad a la liberación— es la realización práctica del versículo: "E invócame en el día de la angustia; Te libraré, y tú me honrarás" Salmos 50:15.

En esta fase, Israel fue dirigido por líderes que fueron llamados por Dios y a través de su poder lograron la liberación de su pueblo. Tales acontecimientos no parecieron tan milagrosos como los que tuvieron lugar durante el éxodo; pero este fue todavía un período en el que la mano de Dios se vio repetidamente en eventos asombrosos. La historia de Débora y Barac, la victoria de Gedeón con sólo 300 hombres, la experiencia de Sansón, quien recibió poder sobrenatural para poder liberar a Israel y otros milagros ocurrieron durante este período.

Sin embargo, cuando estudiamos a los jueces, no debemos pensar en funcionarios como los que conocemos hoy en día: aquellos que han estudiado derecho durante muchos años y luego, después de obtener su certificación, trabajan en sistemas judiciales para administrar las leyes del estado. Los jueces de la Biblia eran personas carismáticas a quienes Dios llamó directamente; fueron investidos de valor, fe y, a veces, incluso de una fuerza extraordinaria para demostrar que la salvación, la liberación y la independencia provienen exclusivamente de Dios. Los siguientes versículos explican cómo estos hombres fueron llamados, guiados y calificados por Dios. "Y Jehová levantó jueces que los librasen de mano de los que les despojaban; pero tampoco oyeron a sus jueces, sino que fueron tras dioses ajenos, a los cuales adoraron; se apartaron pronto del camino en que anduvieron sus padres obedeciendo a los mandamientos de Jehová; ellos no hicieron así. Y cuando Jehová les levantaba jueces, Jehová estaba con el juez, y los libraba de mano de los enemigos todo el tiempo de aquel juez; porque Jehová era movido a misericordia por sus gemidos a causa de los que los oprimían y afligían"Jueces 2:16-18.

Esto es asombroso. Hoy el problema de la influencia del mundo sobre el pueblo de Dios no es menor que la de los cananeos paganos sobre el pueblo de Israel. Entonces, los jueces y el pueblo tenían enemigos que derrotar; y también hoy tenemos enemigos. ¿Cómo nos relacionaremos con esta situación? ¿Seremos como las tribus, que se rindieron y perdieron la certeza de la elección divina, o como aquellos que confiaron en la ayuda de Dios y trabajaron intensamente para lograr la victoria? El Señor, que llamó a los jueces en aquel momento y los invistió de su poder, puede hacer y hará lo mismo en nuestros días.

Por lo tanto, que las experiencias presentadas en el libro de los Jueces y estudiadas en la escuela sabática en el próximo medio año nos acerquen al Señor para que nosotros también seamos vencedores y al final digamos como ellos y como el apóstol Pablo: "He peleado la buena batalla, he acabado mi carrera, he guardado la fe; desde ahora me está guardada la corona de justicia, la cual el Señor, Juez justo, me dará en aquel día; y no sólo a mí, sino también a todos los que aman su venida" 2 Timoteo 4:7-8.

—*Los hermanos y hermanas de la Asociación General y Departamento Ministerial*

LECCIÓN 1

Sábado 4 de enero, 2025

Ofrenda Especial de Escuela Sabática para el Campo de **BOLIVIA**
¡Da tu ofrenda de corazón como Dios te ha bendecido!

LAS PROMESAS DEL PUEBLO

"Las promesas se estiman de acuerdo con la veracidad del que las hace. Muchos hombres hacen promesas sólo para quebrantarlas, para mofarse del corazón que confió en ellas. Los que confían en tales personas se apoyan sobre cañas débiles. Pero Dios respalda las promesas que hace. Se acordará para siempre de su pacto, y su verdad es por todas las generaciones" (*Manuscrito 23, 1899*).

DOMINGO

LAS BENDICIONES DE DIOS SOBRE SU PUEBLO

1. Mirando hacia atrás en el pasado, ¿en qué momento comenzó Josué a registrar las bendiciones que Dios había dado a su pueblo?

➤ Josué 24:3-4, primera parte *"Y yo tomé a vuestro padre Abraham del otro lado del río, y lo traje por toda la tierra de Canaán, y aumenté su descendencia, y le di a Isaac. ⁴A Isaac le di a Jacob y a Esaú".*

"Dios otorga sus dones según le agrada. Concede un don a una persona, y otro don a otra, pero todos son para el beneficio de todo el cuerpo. Está de acuerdo con el designio de Dios que unos sirvan en un ramo de trabajo y otros en otros ramos, sirviendo todos bajo el mismo Espíritu. El reconocimiento de este plan será una salvaguardia contra la emulación, el orgullo, la envidia o el desprecio recíproco. Fortalecerá la unidad y el amor mutuo"(*Consejos para los Maestros*, pág. 29).

LUNES

2. ¿Cómo intervino cuando, después de la milagrosa liberación de Israel, los egipcios quisieron devolverlos a la esclavitud?

Josué 24:6-7 *"Saqué a vuestros padres de Egipto; y cuando llegaron al mar, los egipcios siguieron a vuestros padres hasta el Mar Rojo con carros y caballería. ⁷Y cuando ellos clamaron a Jehová, él puso oscuridad entre vosotros y los egipcios, e hizo venir sobre ellos el mar, el cual los cubrió; y vuestros ojos vieron lo que hice en Egipto. Después estuvisteis muchos días en el desierto".*

"Ese Cordero cuya ira será tan terrible para los burladores de su gracia, será gracia y justicia y amor y bendición para todos los que lo han recibido. La columna de nube que era tinieblas, terror e ira vengadora para los egipcios, para el pueblo de Dios era una columna de fuego y luz. Así acontecerá con los hijos de Dios en los últimos días. La luz y la gloria de Dios para su pueblo que guarda sus mandamientos son tinieblas para los incrédulos. Ven que es terrible caer en manos del Dios viviente. El brazo, extendido durante tanto tiempo, fuerte para salvar a todos los que acuden a él, es poderoso para ejecutar su juicio sobre todos los que no quieren ir a él para tener vida. Dios quiera que mientras aún dura la misericordia, mientras todavía se escucha la voz de la invitación, haya un vuelco hacia el Señor. Se han hecho provisiones seguras para proteger a cada alma y a los que observan sus mandamientos hasta que pase la ira" (*A Fin de Conocerle*, pág. 355).

MARTES

3 ¿Qué prometió el Señor para que Canaán fuera libre de sus habitantes corruptos?

Josué 24:12 *"Y envié delante de vosotros tábanos, los cuales los arrojaron de delante de vosotros, esto es, a los dos reyes de los amorreos; no con tu espada, ni con tu arco".*

"Dios había puesto a su pueblo en Canaán como un poderoso valladar para contener la ola de la inmoralidad, a fin de que no inundara al mundo. Si Israel le era fiel, Dios quería que fuera de conquista en conquista. Entregaría en sus manos naciones aún más grandes y más poderosas que las de los cananeos. Les prometió: 'Porque si guardareis cuidadosamente todos estos mandamientos que yo os prescribo, ... Jehová también echará todas estas gentes de delante de vosotros, y poseeréis gentes grandes y más fuertes que vosotros. Todo lugar que pisare la planta de vuestro pie, será vuestro: desde el desierto y el Líbano, desde el río, el río Eufrates, hasta la mar postrera será vuestro término. Nadie se sostendrá delante de vosotros: miedo y temor de vosotros pondrá Jehová vuestro Dios sobre la haz de toda la tierra que hollareis, como él os ha dicho.' Deuteronomio 11:22-25" (*Patriarcas y Profetas*, pág. 586).

MIÉRCOLES

4 ¿Qué dijo Dios acerca de cómo recibieron sus posesiones en Canaán?

Josué 24:13 *"Y os di la tierra por la cual nada trabajasteis, y las ciudades que no edificasteis, en las cuales moráis; y de las viñas y olivares que no plantasteis, coméis".*

"La nación hebrea fue puesta en estrecha relación con Dios, como un pueblo peculiar, una nación santa. El Señor dio a Israel evidencias de su presencia, para que temieran su nombre y obedecieran su voz, y para que supieran que él los estaba guiando a la tierra prometida. El poder de Dios, que se reveló de manera tan notable en su liberación de Egipto, se vio de vez en cuando a lo largo de todos sus viajes" (*Signs of the Times*, 19 de julio de 1899).

"Como garantía de este pacto de Dios con el hombre, 'apareció un horno humeante y una antorcha de fuego que pasaba por entre los animales divididos' y aquellos símbolos de la presencia divina consumieron completamente las víctimas. Y otra vez oyó Abraham una voz que confirmaba la dádiva de la tierra de Canaán a sus descendientes, 'desde el río de Egipto hasta el río grande, el Éufrates'. Vers. 18" (*Patriarcas y Profetas*, pág. 116).

JUEVES

ÍDOLOS ELIMINADOS

5. En armonía con el llamamiento de Josué, ¿qué debería haber eliminado el pueblo de sus vidas y país?

Josué 24:14-15 "Ahora, pues, temed a Jehová, y servidle con integridad y en verdad; y quitad de entre vosotros los dioses a los cuales sirvieron vuestros padres al otro lado del río, y en Egipto; y servid a Jehová. ¹⁵Y si mal os parece servir a Jehová, escogeos hoy a quién sirváis; si a los dioses a quienes sirvieron vuestros padres, cuando estuvieron al otro lado del río, o a los dioses de los amorreos en cuya tierra habitáis; pero yo y mi casa serviremos a Jehová".

"El culto de los ídolos seguía practicándose hasta cierto punto, en secreto, y Josué trató ahora de inducirlos a hacer una decisión que desterrara este pecado de Israel" (*Patriarcas y Profetas*, pág. 501).

"Cuando Josué se aproximaba a la terminación de su vida, hizo un repaso del pasado por dos razones: para inducir al Israel de Dios a que agradeciera las evidentes manifestaciones de la presencia de Dios en todos sus viajes, y para hacer que humillara su mente al comprender sus injustas murmuraciones y quejas, y su descuido en seguir la voluntad revelada de Dios. Josué prosigue amonestando a los israelitas en una forma solemnísima contra la idolatría que los circundaba. Fueron amonestados para que no tuvieran ninguna relación con los idólatras, para que no se unieran en casamiento con ellos, y que tampoco, en forma alguna, se pusieran en peligro de ser afectados y corrompidos por sus abominaciones. Se les aconsejó que rehuyeran aun la misma apariencia de mal, que no se aventuraran en los linderos del pecado, pues esa era la forma más segura de ser sumergidos en el pecado y la ruina. Les mostró que la desolación sería el resultado de su separación de Dios, y que así como Dios había sido fiel en sus promesas, también lo sería en cumplir sus amenazas" (Carta 3, 1879).

VIERNES

6. Al oír un llamamiento tan sincero, ¿qué prometió el pueblo? ¿Cuán conscientes eran de su propia debilidad moral?

Josué 24:16-18 "Entonces el pueblo respondió y dijo: Nunca tal acontezca, que dejemos a Jehová para servir a otros dioses; 17porque Jehová nuestro Dios es el que nos sacó a nosotros y a nuestros padres de la tierra de Egipto, de la casa de servidumbre; el que ha hecho estas grandes señales, y nos ha guardado por todo el camino por donde hemos andado, y en todos los pueblos por entre los cuales pasamos. 18Y Jehová arrojó de delante de nosotros a todos los pueblos, y al amorreo que habitaba en la tierra; nosotros, pues, también serviremos a Jehová, porque él es nuestro Dios".

"Antes de que pudiera haber una reforma permanente, era necesario hacerle sentir al pueblo cuán incapaz de obedecer a Dios era de por sí. Habían quebrantado su ley; ésta los condenaba como transgresores, y no les proporcionaba ningún medio de escape. Mientras confiaran en su propia fuerza y justicia, les era imposible lograr perdón de sus pecados; no podían satisfacer las exigencias de la perfecta ley de Dios, y en vano se comprometían a servir a Dios. Sólo por la fe en Cristo podían alcanzar el perdón de sus pecados, y recibir fuerza para obedecer la ley de Dios. Debían dejar de depender de sus propios esfuerzos para salvarse; debían confiar por completo en el poder de los méritos del Salvador prometido, si querían ser aceptados por Dios.

"Josué trató de hacer que sus oyentes pesaran muy bien sus palabras, y que desistieran de hacer votos para cuyo cumplimiento no estaban preparados. Con profundo fervor repitieron esta declaración: 'No, antes a Jehová serviremos.' Consintiendo solemnemente en atestiguar contra sí mismos que habían escogido a Jehová, una vez más reiteraron su promesa de lealtad: 'A Jehová nuestro Dios serviremos, y a su voz obedeceremos'" (*Patriarcas y Profetas*, págs. 562-563).

SÁBADO

TESTIMONIO DE SUS PROMESAS

7. Cuando Josué ya no viviera, ¿cómo recordarían sus promesas de fidelidad y compromiso con Dios?

Josué 24:24-25, 27 "*Y el pueblo respondió a Josué: A Jehová nuestro Dios serviremos, y a su voz obedeceremos. 25Entonces Josué hizo pacto con el pueblo el mismo día, y les dio estatutos y leyes en Siquem. ...27Y dijo Josué a todo el pueblo: He aquí esta piedra nos servirá de testigo, porque ella ha oído todas las palabras que Jehová nos ha hablado; será, pues, testigo contra vosotros, para que no mintáis contra vuestro Dios*".

"Josué declara plenariamente que sus instrucciones y amonestaciones para el pueblo no eran sus propias palabras, sino las de Dios. Esta gran piedra se levantaría para testificar y conmemorar ante las generaciones venideras el acontecimiento por el cual fue erigida, y sería un testigo en contra del pueblo si se degeneraba otra vez cayendo en la idolatría... Si fue necesario que el antiguo pueblo de Dios recordara con frecuencia la forma en que Dios lo trató en misericordia y juicio, en consejo y reproche, es igualmente importante que nosotros contemplemos las verdades que se nos presentan en su Palabra; verdades que, si son obedecidas, nos guiarán a la humildad, a la sumisión y a la obediencia a Dios. Debemos ser santificados por la verdad. La Palabra de Dios presenta verdades especiales para cada época. El trato de Dios con su pueblo del pasado debiera recibir nuestra cuidadosa atención. Ese trato está destinado a enseñarnos lecciones que debiéramos aprender. Pero no hemos de quedar contentos con esto. Dios guía ahora a su pueblo paso tras paso. La verdad es progresiva. El ferviente escudriñador constantemente estará recibiendo luz del cielo. Nuestra pregunta constante debiera ser: '¿Qué es la verdad?'"(*Signs of the Times*, 26 de mayo de 1881).

ESTUDIO ADICIONAL

"Antes de que pudiera haber una reforma permanente, era necesario hacerle sentir al pueblo cuán incapaz de obedecer a Dios era de por sí. Habían quebrantado su ley; ésta los condenaba como transgresores, y no les proporcionaba ningún medio de escape. Mientras confiaran en su propia fuerza y justicia, les era imposible lograr perdón de sus pecados; no podían satisfacer las exigencias de la perfecta ley de Dios, y en vano se comprometían a servir a Dios. Sólo por la fe en Cristo podían alcanzar el perdón de sus pecados, y recibir fuerza para obedecer la ley de Dios. Debían dejar de depender de sus propios esfuerzos para salvarse; debían confiar por completo en el poder de los méritos del Salvador prometido, si querían ser aceptados por Dios" (*Patriarcas y Profetas*, pág. 562).

LECCIÓN 2

Sábado 11 de enero, 2025

UNA CONQUISTA INCOMPLETA

"Después de haberse establecido en Canaán las tribus no hicieron ningún esfuerzo vigoroso para completar la conquista de la tierra. Satisfechas con el territorio que ya habían ganado, dejaron que su celo disminuyera y suspendieron la guerra. 'Cuando Israel se sintió fuerte, hizo tributario al cananeo, pero no lo expulsó' Jueces 1:28" (*Patriarcas y Profetas*, pág. 527).

📅 DOMINGO

1. ¿Qué está escrito acerca de la obediencia y el servicio de Israel al Señor durante la vida de Josué?

_____

_____

🔖 Josué 24:29, 31 "Después de estas cosas murió Josué hijo de Nun, siervo de Jehová, siendo de ciento diez años. ...³¹Y sirvió Israel a Jehová todo el tiempo de Josué, y todo el tiempo de los ancianos que sobrevivieron a Josué y que sabían todas las obras que Jehová había hecho por Israel".

"El reavivamiento fue genuino. Provocó una reforma entre el pueblo. Permanecieron fieles al pacto que habían hecho. El pueblo sirvió al Señor durante todos los días de Josué y durante todos los días de los ancianos que sobrevivieron a Josué, los cuales habían visto los grandes hechos del Señor. Se arrepintieron de sus pecados y les fueron perdonados, pero la semilla de maldad que había sido sembrada creció hasta dar frutos. Terminó la vida de inmutable integridad de Josué. No se oía más su voz de reproche y advertencia. Uno por uno los fieles centinelas que cruzaron el Jordán depusieron su armadura" (*Review and Herald*, 25 de septiembre de 1900).

LUNES

PREGUNTANDO AL SEÑOR

2. A pesar de no tener un líder, ¿qué continuaron promoviendo los israelitas? ¿Qué le preguntaron al Señor antes de dar el primer paso?

Jueces 1:1-2 *"Aconteció después de la muerte de Josué, que los hijos de Israel consultaron a Jehová, diciendo: ¿Quién de nosotros subirá primero a pelear contra los cananeos? ²Y Jehová respondió: Judá subirá; he aquí que yo he entregado la tierra en sus manos".*

"Crean que van a recibir las cosas que piden y las tendrán. Acudan con corazón humilde, pero invoquen la promesa. Entonces crean que van a recibir. El nombre supremo de nuestro Salvador es nuestra seguridad y la razón de nuestra osadía. Dios se nos presenta como quien escucha las oraciones. Mantengan buenas relaciones con Dios, para que puedan tener el testimonio del Espíritu de que se cuentan entre los elegidos y fieles, en quienes él confía.

"El Señor quiere que pidamos para que podamos recibir. ... Busquen a Dios, entonces, con toda el alma. Esperen en el Señor. ... Si piden creyendo, recibirán" (*Cada Día con Dios*, pág. 20).

📅 MARTES

3. ¿A qué pueblo entregó el Señor, primero, en manos de las tribus de Judá y Simeón?

🖋 Jueces 1:3-4 "Y Judá dijo a Simeón su hermano: Sube conmigo al territorio que se me ha adjudicado, y peleemos contra el cananeo, y yo también iré contigo al tuyo. Y Simeón fue con él. ⁴Y subió Judá, y Jehová entregó en sus manos al cananeo y al ferezeo;..."

"Dios había puesto a su pueblo en Canaán como un poderoso valladar para contener la ola de la inmoralidad, a fin de que no inundara al mundo. Si Israel le era fiel, Dios quería que fuera de conquista en conquista. Entregaría en sus manos naciones aún más grandes y más poderosas que las de los cananeos. Les prometió: 'Porque si guardáis cuidadosamente todos estos mandamientos que yo os prescribo, [...] Jehová también echará de vuestra presencia a todas estas naciones, y desposeeréis a naciones grandes y más poderosas que vosotros. Todo lugar que pise la planta de vuestro pie será vuestro: desde el desierto hasta el Líbano, desde el río Éufrates hasta el mar occidental será vuestro territorio. Nadie se sostendrá delante de vosotros; miedo y temor de vosotros pondrá Jehová, vuestro Dios, sobre toda la tierra que piséis, como él os ha dicho'. Deuteronomio 11:22-25" (*Patriarcas y Profetas*, pág. 528).

📅 MIÉRCOLES

4. ¿Qué ciudad famosa, que todavía estaba en manos de los paganos, conquistaron los hijos de Judá? ¿A qué otros territorios fueron?

🖋 Jueces 1:8-11 "Y combatieron los hijos de Judá a Jerusalén y la tomaron, y pasaron a sus habitantes a filo de espada y pusieron fuego a la ciudad. ⁹Después los hijos de Judá descendieron para pelear contra el cananeo

16 LECCIONES DE ESCUELA SABÁTICA - PRIMER SEMESTRE 2025

que habitaba en las montañas, en el Neguev, y en los llanos. ¹⁰Y marchó Judá contra el cananeo que habitaba en Hebrón, la cual se llamaba antes Quiriat-arba; e hirieron a Sesai, a Ahimán y a Talmai.¹¹De allí fue a los que habitaban en Debir, que antes se llamaba Quiriat-sefer".

"El Señor había cumplido fielmente, por su parte, la promesa hecha a Israel; Josué había quebrantado el poderío de los cananeos y había distribuido la tierra entre las tribus. A estas solo les quedaba confiar en la seguridad de la ayuda divina y completar la tarea de desalojar a los habitantes de la tierra" (*Patriarcas y Profetas*, pág. 527).

JUEVES

5 ¿Llevaron a cabo el plan, las tribus de Manasés y Efraín, para sacar a los paganos del territorio de Canaán?

Jueces 1:27-29 "Tampoco Manasés arrojó a los de Bet-seán, ni a los de sus aldeas, ni a los de Taanac y sus aldeas, ni a los de Dor y sus aldeas, ni a los habitantes de Ibleam y sus aldeas, ni a los que habitan en Meguido y en sus aldeas; y el cananeo persistía en habitar en aquella tierra. ²⁸Pero cuando Israel se sintió fuerte hizo al cananeo tributario, mas no lo arrojó.²⁹Tampoco Efraín arrojó al cananeo que habitaba en Gezer, sino que habitó el cananeo en medio de ellos en Gezer".

"El pueblo en general tardaba mucho en completar la obra de expulsar a los paganos. Las tribus se habían dispersado para ocupar sus posesiones, el ejército había sido disuelto, y se miraba como empresa difícil y dudosa el reanudar la guerra. Pero Josué declaró: 'Jehová, vuestro Dios, las echará de delante de vosotros, las expulsará de vuestra presencia y vosotros poseeréis sus tierras, como Jehová, vuestro Dios, os ha dicho. Esforzaos, pues, mucho en guardar y hacer todo lo que está escrito en el libro de la ley de Moisés, sin apartaros de ello ni a la derecha ni a la izquierda'" (*Patriarcas y Profetas*, pág. 500).

VIERNES

CIUDADES NO CONQUISTADAS

6 ¿Qué se registra acerca de las tribus de Zabulón, Aser y Neftalí en relación con el plan divino de Dios para la tierra de Canaán?

_____
_____
_____
_____

➤ Jueces 1:30-33 *"Tampoco Zabulón arrojó a los que habitaban en Quitrón, ni a los que habitaban en Naalal, sino que el cananeo habitó en medio de él, y le fue tributario. ³¹Tampoco Aser arrojó a los que habitaban en Aco, ni a los que habitaban en Sidón, en Ahlab, en Aczib, en Helba, en Afec y en Rehob. ³²Y moró Aser entre los cananeos que habitaban en la tierra; pues no los arrojó. ³³Tampoco Neftalí arrojó a los que habitaban en Bet-semes, ni a los que habitaban en Bet-anat, sino que moró entre los cananeos que habitaban en la tierra; mas le fueron tributarios los moradores de Bet-semes y los moradores de Bet-anat".*

"Cuando los israelitas entraron en Canaán, no cumplieron el propósito de Dios de poseer toda la tierra. Después de hacer una conquista parcial, se establecieron para disfrutar de los resultados de sus victorias. En su incredulidad y amor a la comodidad, se congregaron en las porciones ya conquistadas en vez de proseguir y ocupar nuevos territorios. Así comenzaron a apartarse de Dios. Al no cumplir el propósito divino, hicieron imposible que Dios cumpliera su promesa de bendecirlos. ¿No está haciendo lo mismo la iglesia de hoy?" (*Palabras de Vida del Gran Maestro*, pág. 244).

SÁBADO

7 ¿Qué pasó cuando los israelitas, en lugar de seguir conquistando los territorios que Dios les asignó, se detuvieron y vivieron entre los paganos?

> Jueces 3:5-7 *"Así los hijos de Israel habitaban entre los cananeos, heteos, amorreos, ferezeos, heveos y jebuseos. ⁶Y tomaron de sus hijas por mujeres, y dieron sus hijas a los hijos de ellos, y sirvieron a sus dioses. ⁷Hicieron, pues, los hijos de Israel lo malo ante los ojos de Jehová, y olvidaron a Jehová su Dios, y sirvieron a los baales y a las imágenes de Asera".*

"Habían pasado algunos años desde que el pueblo se había establecido definitivamente en sus posesiones, y ya se podían ver brotar los mismos males que hasta entonces habían atraído castigos sobre Israel. Al percatarse Josué de que los achaques de la vejez le invadían sigilosamente y que pronto su obra terminaría, se llenó de ansiedad por el futuro de su pueblo. Con interés más que paternal se dirigió a ellos cuando estuvieron reunidos una vez más alrededor de su anciano jefe. ... Aunque los cananeos habían sido subyugados, seguían poseyendo una porción considerable de la tierra prometida a Israel, y Josué exhortó a su pueblo a no establecerse cómodamente y a no olvidar el mandamiento del Señor de desalojar totalmente a aquellas naciones idólatras.

"Pero no lo hicieron. Aliándose con los cananeos, violaron abiertamente el mandamiento de Dios, y así dejaron de cumplir la condición bajo la cual les había prometido ponerlos en posesión de Canaán" (*Patriarcas y Profetas*, págs. 499, 527).

LA OBRA DE DIOS A TRAVÉS DE LOS JUECES

NOTAS

ESTUDIO ADICIONAL

"Era una manera singular de ir a pelear contra el ejército enemigo, eso de alabar a Jehová con cantos y ensalzar al Dios de Israel. Tal era su canto de batalla. Poseían la hermosura de la santidad. Si hoy se alabase más a Dios, aumentarían constantemente la esperanza, el valor y la fe. ¿No fortalecería esto las manos de los soldados valientes que hoy defienden la verdad?" (*Profetas y Reyes*, pág. 149).

"El Testigo verdadero infunde ánimo a todos los que están procurando caminar por la senda de humilde obediencia, mediante la fe en su nombre. El declara: 'Al que venciere, le daré que se siente conmigo en mi trono, así como yo he vencido, y me he sentado con mi Padre en su trono'" (*Review and Herald*, 24 de julio de 1888).

LECCIÓN 3

Sábado 18 de enero, 2025

ISRAEL PUESTO A PRUEBA

"Dios no será burlado. Es en la hora de lucha cuando los verdaderos colores debieran lanzarse al viento. Es entonces cuando los portadores de las normas necesitan ser firmes y permitir que se conozca su verdadera posición. Es entonces cuando se pone a prueba la habilidad de cada verdadero soldado en favor de lo correcto. Los que esquivan el deber jamás podrán exhibir los laureles de la victoria. Aquellos que son fieles y leales no encubrirán el hecho de serlo, sino que pondrán corazón y fuerza en el trabajo, y arriesgarán todo lo que tengan en la lucha, no importa el resultado de la batalla. Dios es un Dios que odia el pecado. Y a aquellos que animan al pecador diciendo: Todo está bien contigo, Dios los maldecirá" (*Testimonios para la Iglesia*, tomo 3, pág. 301).

DOMINGO

1. Cuando se les apareció el Ángel del Señor, ¿cómo comenzó su mensaje al pueblo?

Jueces 2:1 "*El ángel de Jehová subió de Gilgal a Boquim, y dijo: Yo os saqué de Egipto, y os introduje en la tierra de la cual había jurado a vuestros padres, diciendo: No invalidaré jamás mi pacto con vosotros*".

"Nuestro Dios es un Padre tierno y misericordioso. Su servicio no debe mirarse como una cosa que entristece, como un ejercicio que desagrada. Debe ser un placer adorar al Señor y participar en su obra. Dios no quiere que sus hijos, a los cuales proporcionó una salvación tan grande, obren como si él fuera un amo duro y exigente. El es nuestro mejor amigo; y cuando le adoramos quiere estar con nosotros, para bendecirnos y confortarnos llenando nuestro corazón de alegría y amor. El Señor quiere que sus hijos hallen consuelo en servirle y más placer que fatiga en su obra. El quiere que quienes vengan a adorarle se lleven pensamientos preciosos acerca de su amor y cuidado, a fin de que estén alentados en toda ocasión de la vida y tengan gracia para obrar honrada y fielmente en todo" (*El Camino a Cristo*, pág. 103).

LUNES

PROMESAS Y DESOBEDIENCIA

2. ¿En qué condiciones se basaron las promesas del Señor? ¿Cómo cumplió el pueblo esta condición?

Jueces 2:2 "*Con tal que vosotros no hagáis pacto con los moradores de esta tierra, cuyos altares habéis de derribar; mas vosotros no habéis atendido a mi voz. ¿Por qué habéis hecho esto?*".

"Dios entonces encargó a Moisés que no hiciera ningún pacto con los habitantes de la tierra adonde debían ir, para que no cayesen en una trampa. Pero debían destruir sus altares a los ídolos, romper sus imágenes y talar sus arboledas que estaban dedicadas a sus ídolos y donde el pueblo se reunía para celebrar sus fiestas idólatras, dadas en honor de sus ídolos. Entonces les dijo: 'No adoraréis a ningún otro dios, porque el Señor, cuyo nombre es celoso, es Dios celoso'"(*The Spirit of Prophecy*, tomo 1, pág. 258).

MARTES

3. Debido a que los israelitas no cumplieron con esta condición, ¿qué no les sucedería a los cananeos a partir de ese momento? ¿Qué serían para Israel los paganos?

Jueces 2:3 *"Por tanto, yo también digo: No los echaré de delante de vosotros, sino que serán azotes para vuestros costados, y sus dioses os serán tropezadero".*

"El Señor misericordiosamente presentó ante su pueblo los terribles resultados que seguirían a la asociación con los cananeos idólatras: 'Pero si no expulsáis a los habitantes de la tierra de delante de vosotros, sucederá que aquellos que dejéis que queden serán aguijón en vuestros ojos y espinas en vuestros costados, y os atormentarán en la tierra donde habitáis. Además, sucederá que haré con vosotros como pensé hacer con ellos'. Al mezclarse con los paganos, Israel se alejaría de Dios y finalmente seguiría el mismo proceder que había provocado su ira contra los cananeos.

"La historia posterior del pueblo elegido de Dios muestra que estas advertencias eran profecías reales, que se han cumplido de manera sorprendente. Los israelitas cedieron sólo una obediencia parcial al mandato de Dios, y durante muchas generaciones fueron afligidos por un remanente de la nación idólatra, que fue salvada como los profetas habían predicho, como 'aguijón en sus ojos y como espinas en su costado'" (*Signs of the Times*, 13 de enero de 1881).

MIÉRCOLES

DOLOR SIN ARREPENTIMIENTO

4. ¿Qué efecto tuvo este mensaje en los israelitas?

Jueces 2:4-5 *"Cuando el ángel de Jehová habló estas palabras a todos los hijos de Israel, el pueblo alzó su voz y lloró. ⁵Y llamaron el nombre de aquel lugar Boquim, y ofrecieron allí sacrificios a Jehová".*

"Pero también hay quienes se comportan con perversidad a su manera. El Señor les dice: 'Arrepentíos, pues, y convertíos, para que sean borrados vuestros pecados, cuando vengan tiempos de refrigerio de la presencia del Señor. Los que invocan el nombre de Dios, escudriñen sus corazones.'Mirad si estáis en la fe. Que escudriñen la palabra cuidadosamente, repasando la experiencia del antiguo pueblo de Dios.... El pueblo se inclinó ante Dios en contrición y arrepentimiento. Ofrecieron sacrificios y se confesaron ante Dios y entre sí. Los sacrificios que ofrecieron no habrían tenido valor si no hubieran mostrado un verdadero arrepentimiento. Su arrepentimiento fue genuino. La gracia de Cristo obró en sus corazones cuando confesaron sus pecados y ofrecieron sacrificios, y Dios los perdonó" (*Review and Herald*, 25 de septiembre de 1900).

JUEVES

5. Si un individuo o un pueblo está haciendo el mal y continúa en ese estado de ánimo, ¿qué se puede esperar del Señor?

Jeremías 18:9-10 *"Y en un instante hablaré de la gente y del reino, para edificar y para plantar. ¹⁰Pero si hiciere lo malo delante de mis ojos, no oyendo mi voz, me arrepentiré del bien que había determinado hacerle".*

📖 Ezequiel 33:12-13 "Y tú, hijo de hombre, di a los hijos de tu pueblo: La justicia del justo no lo librará el día que se rebelare; y la impiedad del impío no le será estorbo el día que se volviere de su impiedad; y el justo no podrá vivir por su justicia el día que pecare. ¹³Cuando yo dijere al justo: De cierto vivirás, y él confiado en su justicia hiciere iniquidad, todas sus justicias no serán recordadas, sino que morirá por su iniquidad que hizo".

"La confesión no es aceptable para Dios si no va acompañada por un arrepentimiento sincero y una reforma. Debe haber cambios decididos en la vida; todo lo que ofenda a Dios debe dejarse. Tal será el resultado de una verdadera tristeza por el pecado. Se nos presenta claramente lo que tenemos que hacer de nuestra parte: '¡Lavaos, limpiaos; apartad la maldad de vuestras obras de delante de mis ojos; cesad de hacer lo malo; aprended a hacer lo bueno; buscad lo justo; socorred al oprimido; mantened el derecho del huérfano, defended la causa de la viuda.' 'Si el inicuo devolviere la prenda, restituyere lo robado, y anduviere en los estatutos de la vida, sin cometer iniquidad, ciertamente vivirá; no morirá.' El apóstol Pablo dice, hablando de la obra del arrepentimiento: 'El que fuisteis entristecidos según Dios, ¡qué solícito cuidado obró en vosotros! y ¡qué defensa de vosotros mismos! y ¡qué indignación! ... y ¡qué celo! y ¡qué justicia vengativa! En todo os habéis mostrado puros en este asunto!'" (*El Camino a Cristo*, pág. 39).

🗓 VIERNES

6. ¿Cuán permanentes son las decisiones de Dios respecto a la humanidad? ¿Qué hace en sus interacciones con personas y naciones?

📖 Jeremías 18:7-8 "*En un instante hablaré contra pueblos y contra reinos, para arrancar, y derribar, y destruir. ⁸Pero si esos pueblos se convirtieren de su maldad contra la cual hablé, yo me arrepentiré del mal que había pensado hacerles*".

_____

_____

"Mediante Moisés, el Señor había presentado delante de su pueblo el resultado de la infidelidad. Al rehusar guardar su pacto, se habían de apartar de la vida de Dios, y su bendición no podía venir sobre ellos. 'Guárdate —dijo Moisés—, que no te olvides de Jehová tu Dios, para no observar sus mandamientos, y sus derechos, y sus estatutos, que yo te ordeno hoy: que quizás no comas y te hartes, y edifiques buenas casas en que mores, y tus vacas y tus ovejas se aumenten, y la plata y el oro se te multipliquen, y todo lo que tuvieres se te aumente, y se eleve luego tu corazón, y te olvides de Jehová tu Dios... Y digas en tu corazón: Mi poder y la fortaleza de mi mano me han traído esta riqueza... Mas será, si llegares a olvidarte de Jehová tu Dios, y anduvieres en pos de dioses ajenos, y les sirvieres, y a ellos te encorvares, protéstolo hoy contra vosotros, que de cierto pereceréis. Como las gentes que Jehová destruirá delante de vosotros, así pereceréis; por cuanto no habréis atendido a la voz de Jehová vuestro Dios'" (*Palabras de Vida del Gran Maestro*, pág. 233).

SÁBADO

LA VOLUNTAD DE DIOS DE PERDONAR Y MODIFICAR SUS PLANES

7. Cuando un pecador se arrepiente genuinamente, ¿cómo cambiará el Señor sus planes?

Ezequiel 33:14-16 "Y cuando yo dijere al impío: De cierto morirás; si él se convirtiere de su pecado, e hiciere según el derecho y la justicia, ¹⁵si el impío restituyere la prenda, devolviere lo que hubiere robado, y caminare en los estatutos de la vida, no haciendo iniquidad, vivirá ciertamente y no morirá. ¹⁶No se le recordará ninguno de sus pecados que había cometido; hizo según el derecho y la justicia; vivirá ciertamente".

"Jesús declaró: 'No he venido a llamar a justos, sino a pecadores, al arrepentimiento'. Mateo 9:13. Y otra vez: 'Os digo que así habrá más gozo en el cielo por un pecador que se arrepiente, que por noventa y nueve justos que no necesitan de arrepentimiento.' Lucas 15:7. ¿No creerá usted estas preciosas palabras? ¿No las recibirá en su corazón? 'Buscad a Jehová mientras puede ser hallado, llamadle en tanto que está cercano. Deje el impío su camino y el hombre inicuo sus pensamientos, y vuélvase a Jehová, el cual tendrá compasión de él, y a nuestro Dios, el cual será amplio en perdonar'. Isaías 55:6-7. ¿No es amplia, profunda y cabal esta promesa? ¿Puede usted pedir más? ¿No permitirá que el Señor aquí mismo levante un estandarte en favor suyo contra el enemigo? Satanás está listo para robarle las preciosas garantías de Dios. Desea quitar del alma toda vislumbre de esperanza y cada rayo de luz; pero usted no debe permitirle que lo haga. Ejercite la fe; pelee la buena batalla de la fe; luche con estas dudas; familiarícese con las promesas" (*Testimonios para la Iglesia*, tomo 5, pág. 592).

 ESTUDIO ADICIONAL

"En sus negocios, el cristiano ha de representar delante del mundo la manera en que nuestro Señor dirigiría las empresas comerciales. En toda transacción ha de dejar manifiesto que Dios es su maestro. Ha de escribirse 'Santidad al Señor' en el diario y el libro mayor, en escrituras, recibos y letras de cambio. Los que profesan seguir a Cristo y comercian de un modo injusto dan un testimonio falso contra el carácter de un Dios santo, justo y misericordioso. ... Si hemos perjudicado a otros en cualquier transacción comercial injusta, si nos hemos extralimitado en el comercio o defraudado a algún hombre, aun dentro del marco de la ley, deberíamos confesar nuestro agravio y hacer restitución en la medida de lo posible. Es justo que devolvamos, no solamente lo que hemos tomado, sino todo lo que se habría ganado con ello si se lo hubiese usado correcta y sabiamente durante el tiempo que haya estado en nuestro poder" (*El Deseado de Todas las Gentes*, pág. 509).

LECCIÓN 4

Sábado 25 de enero, 2025

LA INFIDELIDAD DE ISRAEL

"*Y toda aquella generación también fue reunida a sus padres. Y se levantó después de ellos otra generación que no conocía a Jehová, ni la obra que él había hecho por Israel*" Jueces 2:10

"Pero, despreciando su elevado destino, escogieron el camino del ocio y de la complacencia, dejaron pasar las oportunidades de completar la conquista de la tierra; y por consiguiente, durante muchas generaciones fueron afligidos y molestados por un residuo de estos idólatras, que fue, según lo predijera el profeta, como 'aguijones' en sus ojos, y 'por espinas' en sus 'costados'. Números 33:55.

"Los israelitas 'se mezclaron con las naciones, y aprendieron sus obras'. Se aliaron en matrimonio con los cananeos, y la idolatría se difundió como una plaga por todos los ámbitos de la tierra. 'Sirvieron a sus ídolos, los cuales fueron causa de su ruina. Sacrificaron sus hijos y sus hijas a los demonios. [...] y la tierra fue contaminada con sangre'. 'Se encendió, por tanto, el furor de Jehová contra su pueblo y abominó su heredad'. Salmos 106:34-38, 40." (*Patriarcas y Profetas*, págs. 528, 529).

DOMINGO

1. Cuando se alejaron del Dios verdadero, ¿a quién seguían los israelitas en el ámbito religioso?

Jueces 2:11-13 "*Después los hijos de Israel hicieron lo malo ante los ojos de Jehová, y sirvieron a los baales. ¹²Dejaron a Jehová el Dios de sus padres, que los había sacado de la tierra de Egipto, y se fueron tras otros dioses, los dioses de los pueblos que estaban en sus alrededores, a los cuales adoraron; y provocaron a ira a Jehová. ¹³Y dejaron a Jehová, y adoraron a Baal y a Astarot".*

"Mientras no se extinguió la generación que había recibido instrucción de Josué, la idolatría hizo poco progreso; pero los padres habían preparado el terreno para la apostasía de sus hijos. La desobediencia y el menosprecio que tuvieron por las restricciones del Señor los que habían entrado en posesión de Canaán sembraron malas semillas que continuaron produciendo su amargo fruto durante muchas generaciones. Los hábitos sencillos de los hebreos los habían dotado de buena salud física; pero sus relaciones con los paganos los indujeron a dar rienda suelta al apetito y las pasiones, lo cual redujo gradualmente su fuerza física y debilitó sus facultades mentales y morales. ... 'Dejaron a Jehová, el Dios de sus padres, que los había sacado de la tierra de Egipto', 'y los llevó por el desierto como a un rebaño'" (*Patriarcas y Profetas*, pág. 529).

"La razón por la cual los hijos de Israel abandonaron a Jehová fue que se levantó la generación que no había sido instruida acerca de la gran liberación de Egipto por la mano de Jesucristo. Sus padres no les habían contado la historia de la tutela divina que había estado sobre los hijos de Israel durante todos sus viajes por el desierto" (*Review and Herald*, 21 de mayo de 1895).

LUNES

SAQUEADO Y DERROTADO

2. ¿Qué graves consecuencias resultaron por abandonar al Dios verdadero y seguir las propias tendencias pecaminosas?

Jueces 2:14-15 *"Y se encendió contra Israel el furor de Jehová, el cual los entregó en manos de robadores que los despojaron, y los vendió en mano de sus enemigos de alrededor; y no pudieron ya hacer frente a sus enemigos. ¹⁵Por dondequiera que salían, la mano de Jehová esta-*

ba contra ellos para mal, como Jehová había dicho, y como Jehová se lo había jurado; y tuvieron gran aflicción".

"Debían presentar a sus hijos muestras del poder de Dios y realizar ceremonias que provocarían preguntas y les darían la oportunidad de repetir las obras de Dios al tratar con su pueblo. Pero los padres no cumplieron la parte que Dios les había asignado al enseñar diligentemente a sus hijos, para que pudieran haber sido inteligentes con respecto a las obras de Dios al guiar a su pueblo a través del desierto.... Los padres descuidaron la obra que el Señor les había encargado hacer y no los instruyeron con respecto al propósito de Dios para con su pueblo escogido. No tuvieron en cuenta el hecho de que la idolatría era pecado y que adorar a otros dioses significaba abandonar a Jehová. Si los padres hubieran cumplido con su deber, nunca tendríamos el registro de la generación que no conoció a Dios y, por lo tanto, fue entregada en manos de los saboteadores" (*Review and Herald*, 21 de mayo de 1895).

"Por sus pecados fueron los israelitas separados de Dios; su fuerza les fue quitada y no pudieron ya prevalecer contra sus enemigos. Así fueron sometidos a las mismas naciones que ellos pudieron haber subyugado con la ayuda de Dios" (*Patriarcas y Profetas*, pág. 529).

MARTES

3. Aunque en varias ocasiones el Señor levantó jueces y libertadores para ser de bendición para Israel, ¿qué tan firme fue el compromiso del pueblo de obedecer al Señor?

Jueces 2:16-17 "Y Jehová levantó jueces que los librasen de mano de los que les despojaban; [17]pero tampoco oyeron a sus jueces, sino que fueron tras dioses ajenos, a los cuales adoraron; se apartaron pronto del camino en que anduvieron sus padres obedeciendo a los mandamientos de Jehová; ellos no hicieron así".

"No obstante, Dios no abandonó por completo a su pueblo. Siempre hubo un remanente que permanecía fiel a Jehová; y de vez en cuando el Señor suscitaba hombres fieles y valientes para que destruyeran la idolatría y libraran a los israelitas de sus enemigos. Pero cuando el libertador moría, y el pueblo quedaba libre de su autoridad, volvía gradualmente a sus ídolos. Y así esa historia de apostasía y castigo, de confesión y liberación, se repitió una y otra vez" (*Patriarcas y Profetas*, pág. 529).

MIÉRCOLES

LOS ISRAELITAS PERDIERON SU IDENTIDAD ESPIRITUAL

4. ¿Qué indicaba el hecho que tan pronto como moría un juez, terminaba la lealtad del pueblo a Dios?

Jueces 2:18-19 "Y cuando Jehová les levantaba jueces, Jehová estaba con el juez, y los libraba de mano de los enemigos todo el tiempo de aquel juez; porque Jehová era movido a misericordia por sus gemidos a causa de los que los oprimían y afligían. ¹⁹Mas acontecía que al morir el juez, ellos volvían atrás, y se corrompían más que sus padres, siguiendo a dioses ajenos para servirles, e inclinándose delante de ellos; y no se apartaban de sus obras, ni de su obstinado camino".

"Si Dios no tuviera ley, no podría haber juicio, y los casos de hombres y mujeres no serían llamados al tribunal solemne, ante el Juez justo. Si no hemos estado en armonía con los requisitos de Dios en esta vida, ya no estaremos en armonía con sus requisitos en la vida futura. ¿Qué excusa podemos alegar por la desobediencia a la ley del gobierno de Dios?... Serás declarado culpable antes de la revelación de tu propia vida. Todos los que no son salvos verán en qué se apartaron de lo correcto y se darán cuenta de la influencia que ejerció su vida de desobediencia para desviar a otros del camino de la verdad. 'Cada uno de nosotros dará cuenta de sí mismo a Dios', y los vivos y los muertos comparecerán ante el tribunal de Cristo. Las cosas secretas se darán a conocer" (*Signs of the Times*, 29 de diciembre de 1887).

JUEVES

5. ¿Por qué no pudo cumplirse la promesa que se les hizo anteriormente?

Jueces 2:20-21 "Y la ira de Jehová se encendió contra Israel, y dijo: Por cuanto este pueblo traspasa mi pacto que ordené a sus padres, y no obedece a mi voz, ²¹tampoco yo volveré más a arrojar de delante de ellos a ninguna de las naciones que dejó Josué cuando murió".

Éxodo 23:22 "Pero si en verdad oyeres su voz e hicieres todo lo que yo te dijere, seré enemigo de tus enemigos, y afligiré a los que te afligieren".

"No cesaron en sus propias obras ni en su obstinación. 'Y la ira de Jehová se encendió contra Israel; y dijo: Por cuanto este pueblo ha traspasado mi pacto que mandé a sus padres, y no ha escuchado mi voz; Tampoco desde ahora expulsaré de delante de ellos a ninguna de las naciones que dejó Josué cuando murió'.

"El Señor procuró llevar a su pueblo a una posición en la que pudiera manifestar su poder a favor de ellos; pero sus corazones estaban decididos a apartarse de Dios y no se sometieron a sus requisitos. ¡Qué ceguera! ¡Qué locura inexplicable! e igualmente incomprensible es el proceder de aquellos a quienes Dios ha dotado de dones intelectuales y rodeado de bendiciones temporales, pero que preferirán las ganancias mundanas, e incluso la complacencia de pasiones degradantes, al favor de Dios y su infinito amor" (*Signs of the Times*, 9 de junio de 1881).

VIERNES

6. ¿Qué significó que el Señor dejó a las naciones para probar a Israel? ¿Cuán capaces somos de reconocer lo que Dios permite que nos pone a prueba?

🔖 Jueces 2:23; 3:1, 4-6 *"Por esto dejó Jehová a aquellas naciones, sin arrojarlas de una vez, y no las entregó en mano de Josué ³:¹Estas, pues, son las naciones que dejó Jehová para probar con ellas a Israel, a todos aquellos que no habían conocido todas las guerras de Canaán;...⁴Y fueron para probar con ellos a Israel, para saber si obedecerían a los mandamientos de Jehová, que él había dado a sus padres por mano de Moisés. ⁵Así los hijos de Israel habitaban entre los cananeos, heteos, amorreos, ferezeos, heveos y jebuseos. ⁶Y tomaron de sus hijas por mujeres, y dieron sus hijas a los hijos de ellos, y sirvieron a sus dioses".*

"Pero a pesar de que había sido quebrantado el poderío de los cananeos, estos no fueron completamente despojados. Hacia el oeste los filisteos seguían poseyendo una llanura fértil a lo largo de la costa, mientras que al norte de ellos estaba el territorio de los sidonios. Estos tenían también el Líbano; y por el sur, hacia Egipto, la tierra seguía ocupada por los enemigos de Israel" (*Patriarcas y Profetas*, pág. 488).

SÁBADO

LA RESPONSABILIDAD DE CADA TRIBU

7. ¿Por qué el Señor no permitió que Josué expulsara completamente a las naciones paganas de los territorios recibidos por las tribus? ¿Cuál era la responsabilidad de cada uno?

🔖 Jueces 2:22 *"Para probar con ellas a Israel, si procurarían o no seguir el camino de Jehová, andando en él, como lo siguieron sus padres".*

LA OBRA DE DIOS A TRAVÉS DE LOS JUECES

"Toda la tierra, tanto las partes ya conquistadas como las aun no subyugadas, tenía que repartirse entre las tribus. Y a cada tribu le tocaba subyugar completamente su propia heredad. Con tal que el pueblo fuera fiel a Dios, él expulsaría a sus enemigos de delante de ellos; y prometió darles posesiones todavía mayores si tan solo eran fieles a su pacto" (*Patriarcas y Profetas*, pág. 488).

"Pero a menos que nos entreguemos sin reservas a su servicio y caminemos en obediencia a sus mandamientos, no podremos presentar pruebas de que somos miembros de la familia real. ¡Ojalá pudiéramos alguna vez darnos cuenta del amor que Dios ha manifestado hacia nosotros, pecadores caídos, al dar a su único Hijo para nuestra salvación! Nunca debemos perder de vista el hecho de que aquellos a quienes Cristo redime a un precio tan infinito deben ser purificados, para que sean para él un pueblo peculiar, celoso de buenas obras. Deberíamos sentir que Cristo nos ha otorgado honores especiales al distinguirnos así del mundo, cuando podría habernos dejado perecer en nuestros pecados" (*Signs of the Times*, 9 de junio de 1881).

 ESTUDIO ADICIONAL

"Dios había puesto a su pueblo en Canaán como un poderoso valladar para contener la ola de la inmoralidad, a fin de que no inundara al mundo. Si Israel le era fiel, Dios quería que fuera de conquista en conquista. Entregaría en sus manos naciones aún más grandes y más poderosas que las de los cananeos. Les prometió: 'Porque si guardáis cuidadosamente todos estos mandamientos que yo os prescribo, [...] Jehová también echará de vuestra presencia a todas estas naciones, y desposeeréis a naciones grandes y más poderosas que vosotros. Todo lugar que pise la planta de vuestro pie será vuestro: desde el desierto hasta el Líbano, desde el río Éufrates hasta el mar occidental será vuestro territorio. Nadie se sostendrá delante de vosotros; miedo y temor de vosotros pondrá Jehová, vuestro Dios, sobre toda la tierra que piséis, como él os ha dicho'. Deuteronomio 11:22-25" (*Patriarcas y Profetas*, pág. 528).

"Dios quiere que su pueblo presente un marcado contraste, en carácter y conducta, con el mundo incrédulo. Debemos ser 'una generación escogida, un sacerdocio real, una nación santa, un pueblo peculiar...' Sólo mediante la vigilancia constante y la oración ferviente, mezcladas con fe, podemos preservar nuestro carácter santo y peculiar como hijos e hijas de Dios" (*Signs of the Times*, 9 de junio de 1881).

LECCIÓN 5

Sábado 1 de febrero, 2025

OTONIEL, AOD Y SAMGAR

"El rey de Mesopotamia y el de Moab, y después de estos, los filisteos y los cananeos de Azor, encabezados por Sísara, oprimieron sucesivamente a Israel. Otoniel, Aod, Samgar, Débora y Barac se destacaron como libertadores de su pueblo. Pero nuevamente 'los hijos de Israel hicieron lo malo ante los ojos de Jehová; y Jehová los entregó en las manos de Madián'. Véase Jueces 6-8. Hasta entonces la mano del opresor no se había hecho sentir sino ligeramente sobre las tribus que moraban al este del Jordán, pero en las nuevas calamidades ellas fueron las primeras que sufrieron" (*Patriarcas y Profetas*, pág. 529).

DOMINGO

1. ¿Qué hizo el Señor debido a la desobediencia de Israel?

Jueces 3:7-8 "*Hicieron, pues, los hijos de Israel lo malo ante los ojos de Jehová, y olvidaron a Jehová su Dios, y sirvieron a los baales y a las imágenes de Asera. ⁸Y la ira de Jehová se encendió contra Israel, y los vendió en manos de Cusan-risataim rey de Mesopotamia; y sirvieron los hijos de Israel a Cusan-risataim ocho años*".

"En su prosperidad Israel se olvidó de Dios, como se le había advertido que lo haría; pero vinieron los reveses. Los hebreos fueron sojuzgados por el rey de Mesopotamia y mantenidos bajo un duro yugo durante ocho años. En su angustia encontraron que los idólatras con quienes se relacionaban no podían ayudarles. Entonces se acordaron de las admirables obras de Dios, comenzaron a clamar ante él, y el Señor suscitó un libertador para ellos: a Otoniel, el hermano menor de Caleb. El Espíritu del Señor descansó sobre él, y salió a la guerra y el Señor entregó en sus manos al rey de Mesopotamia" (*Signs of the Times*, 9 de junio de 1881).

LUNES

EMPODERADOS POR EL ESPÍRITU

2. ¿A quién levantó el Señor como instrumento de liberación cuando el pueblo se dirigió a él en oración, clamor sincero y ferviente? ¿Cóm0 tuvo fuerza suficiente para resistir a los invasores y permitir que el pueblo de Israel derrotara a su enemigo?

Jueces 3:9-11 "*Entonces clamaron los hijos de Israel a Jehová; y Jehová levantó un libertador a los hijos de Israel y los libró; esto es, a Otoniel hijo de Cenaz, hermano menor de Caleb. ¹⁰Y el Espíritu de Jehová vino sobre él, y juzgó a Israel, y salió a la batalla, y Jehová entregó en su mano a Cusan-risataim rey de Siria, y prevaleció su mano contra Cusan-risataim. ¹¹Y reposó la tierra cuarenta años; y murió Otoniel hijo de Cenaz*".

"Cuando Otoniel fue designado como el hombre a quien Dios había elegido para guiar y liberar a Israel, no rehusó tomar la responsabilidad. Con la fortaleza de Dios, inmediatamente comenzó a reprimir la idolatría como el Señor había ordenado, a administrar justicia y a elevar la norma de moralidad y de religión. Cuando Israel se arrepintió de sus pecados, el Señor le manifestó su gran misericordia y actuó para su liberación.

"Otoniel gobernó a Israel cuarenta años. Durante este tiempo el pueblo permaneció fiel a la ley divina, y por lo tanto disfrutó de paz y prosperidad; pero cuando la muerte de Otoniel terminó su atinado y saludable control, los israelitas otra vez recayeron en la idolatría. Y en esta forma el relato de apostasía y castigo, de confesión y liberación, se repitió vez tras vez" (*Signs of the Times*, 9 de junio de 1881).

MARTES

3. ¿Qué pasó cuando Israel volvió a hacer lo malo ante los ojos del Señor? ¿Cuánto tiempo sirvió el pueblo al rey de Moab?

_____

Jueces 3:12-14 "*Volvieron los hijos de Israel a hacer lo malo ante los ojos de Jehová; y Jehová fortaleció a Eglón rey de Moab contra Israel, por cuanto habían hecho lo malo ante los ojos de Jehová. ¹³Este juntó consigo a los hijos de Amón y de Amalec, y vino e hirió a Israel, y tomó la ciudad de las palmeras. ¹⁴Y sirvieron los hijos de Israel a Eglón rey de los moabitas dieciocho años*".

"Se me reveló que el poder de Satanás se ejerce especialmente sobre los hijos de Dios. Muchos me fueron presentados en condición de duda y desesperación. Las enfermedades del cuerpo afectan la mente. Un enemigo astuto y poderoso acompaña nuestros pasos, y dedica su fuerza y habilidad a tratar de apartarnos del camino recto. Y demasiado a menudo sucede que los hijos de Dios no están en guardia y por lo tanto ignoran sus designios. Satanás obra por los medios que mejor le permiten ocultarse, y a menudo alcanza su objeto" (*Testimonios para la Iglesia*, tomo 1, pág. 274).

MIÉRCOLES

DIOS HIZO A AOD EL LIBERTADOR

4. Cuando el pueblo clamaba pidiendo ayuda, ¿a quién levantó el Señor para librarlo?

_____
_____
_____

Jueces 3:15-17 "Y clamaron los hijos de Israel a Jehová; y Jehová les levantó un libertador, a Aod hijo de Gera, benjamita, el cual era zurdo. Y los hijos de Israel enviaron con él un presente a Eglón rey de Moab. [16]Y Aod se había hecho un puñal de dos filos, de un codo de largo; y se lo ciñó debajo de sus vestidos a su lado derecho. [17]Y entregó el presente a Eglón rey de Moab; y era Eglón hombre muy grueso".

"Dios obrará maravillas por aquellos que confíen en él. Si los que profesan ser su pueblo no tienen más fuerza es porque confían demasiado en su propia sabiduría y no permiten que el Señor revele su poder en su beneficio. Él ayudará a sus fieles hijos en todas las ocasiones si depositan toda su confianza en él y lo obedecen sin cuestionarlo. ... Muchos que profesan nuestra fe se encuentran en esta posición. Son débiles y carecen de fuerza porque confían en su propio poder. Dios obra con potencia por el pueblo que obedece su palabra sin cuestionarla ni dudar de ella" (*Testimonios para la Iglesia*, tomo 4, págs. 163-164).

JUEVES

5. ¿Qué estratagema ideó e implementó Aod para llevar a cabo su plan de liberar a Israel de sus opresores?

_____
_____

Jueces 3:18-23 "Y luego que hubo entregado el presente, despidió a la gente que lo había traído. [19]Mas él se volvió desde los ídolos que están en Gilgal, y dijo: Rey, una palabra secreta tengo que decirte. Él entonces dijo: Calla. Y salieron de delante de él todos los que con él estaban. ²⁰Y se le acercó Aod, estando él sentado solo en su sala de verano. Y Aod dijo: Tengo palabra de Dios para ti. Él entonces se levantó de la silla. ²¹Entonces alargó Aod su mano izquierda, y tomó el puñal de su lado derecho, y se lo metió por el vientre, ²²de tal manera que la empuñadura entró también tras la hoja, y la gordura cubrió la hoja, porque no sacó el puñal de su vientre; y salió el estiércol. ²³Y salió Aod al corredor, y cerró tras sí las puertas de la sala y las aseguró con el cerrojo".

"Solemnes son las lecciones que nos enseña el fracaso sufrido por Israel en aquellos años durante los cuales tanto el gobernante como el pueblo se apartaron del alto propósito que habían sido llamados a cumplir. En aquello precisamente en que fueron débiles y fracasaron, el moderno Israel de Dios, los representantes del Cielo que constituyen la verdadera iglesia de Cristo, deben ser fuertes; porque a ellos les incumbe la tarea de terminar la obra confiada a los hombres y de apresurar el día de las recompensas finales" (*Profetas y Reyes*, pág. 54).

VIERNES

6. ¿Cómo llamó a los efrainitas para ayudar a luchar contra los invasores?

Jueces 3:26-30 "Mas entre tanto que ellos se detuvieron, Aod escapó, y pasando los ídolos, se puso a salvo en Seirat. ²⁷Y cuando había entrado, tocó el cuerno en el monte de Efraín, y los hijos de Israel descendieron con él del monte, y él iba delante de ellos. ²⁸Entonces él les dijo: Seguidme, porque Jehová ha entregado a vuestros enemigos los moabitas en vuestras manos. Y descendieron en pos de él, y tomaron los vados del Jordán a Moab, y no dejaron pasar a ninguno. ²⁹Y en aquel tiempo mataron de los moabitas como diez mil hombres, todos valientes y todos hombres de guerra; no escapó ninguno. ³⁰Así fue subyugado Moab aquel día bajo la mano de Israel; y reposó la tierra ochenta años".

"El conflicto que nos espera exige que ejercitemos un espíritu de abnegación; que desconfiemos de nosotros mismos y dependamos de Dios solo para saber aprovechar sabiamente toda oportunidad de salvar almas. La bendición del Señor acompañará a su iglesia mientras sus miembros avancen unidos, revelando a un mundo postrado en las tinieblas del error la belleza de la santidad según se manifiesta en un espíritu abnegado como el de Cristo, en el ensalzamiento de lo divino más que de lo humano, y sirviendo con amor e incansablemente a aquellos que tanto necesitan las bendiciones del Evangelio" (*Profetas y Reyes*, pág. 54).

SÁBADO

SAMGAR DESAFIÓ A LOS FILISTEOS

7. En otra circunstancia en la que los invasores vinieron del sureste, ¿a quién usó el Señor para liberar a su pueblo?

Jueces 3:31 *"Después de él fue Samgar hijo de Anat, el cual mató a seiscientos hombres de los filisteos con una aguijada de bueyes; y él también salvó a Israel".*

"Sobre nosotros descansa la obra de perfeccionar la santidad. Cuando Dios nos vea hacer todo lo que podemos de nuestra parte, entonces nos ayudará. Los ángeles nos ayudarán, y seremos fuertes por medio de Cristo que nos fortalece. No descuides la oración secreta. Ora por ti mismo. Crece en la gracia, avanza, no te detengas, no retrocedas. Sigue adelante, a la victoria. Ten valor en el Señor, ... Sólo un poco más de lucha con el gran adversario, y vendrá la liberación, y entregaremos la armadura a los pies de nuestro amado Redentor. Persevera hasta vencer cada obstáculo. Si el futuro parece algo nublado, sigue esperando, sigue creyendo. Las nubes desaparecerán, y la luz brillará una vez más" (*Testimonios para la Iglesia*, tomo 1, pág. 573).

NOTAS

 ESTUDIO ADICIONAL

"El que ha llegado a ser partícipe de la naturaleza divina sabe que su ciudadanía está arriba. Capta la inspiración del Espíritu de Cristo. Su alma está escondida con Cristo en Dios. Un hombre así, Satanás ya no puede emplearlo como instrumento para infiltrarse en el santuario mismo de Dios, para profanar el templo de Dios. Obtiene victorias a cada paso. Está lleno de pensamientos ennoblecedores. Considera precioso a todo ser humano, porque Cristo ha muerto por cada alma.
"'Los que esperan en el Señor renovarán sus fuerzas; levantarán alas como las águilas'. El hombre que espera en el Señor es fuerte en su fuerza, lo suficientemente fuerte como para mantenerse firme bajo gran presión. Sin embargo, es fácil que se le implore el lado de la misericordia y la compasión, que es el lado de Cristo. El alma que es sumisa a Dios está lista para hacer la voluntad de Dios; él busca diligente y humildemente conocer esa voluntad. Acepta la disciplina y tiene miedo de caminar según su propio juicio finito. Tiene comunión con Dios y su conversación está en el cielo" (*My Life Today*, pág. 277).

LECCIÓN 6

DÉBORA Y BARAC

Sábado 8 de febrero, 2025

"Dios no dará su Espíritu a los que no usarán el don celestial. Pero los que se apartan de sí mismos buscando iluminar, animar y bendecir a otros tendrán capacidad y energía multiplicadas para gastar. Cuanto más luz entregan más reciben" (*Reflejemos a Jesús*, pág. 311).

DOMINGO

1. Después de la muerte de Aod, ¿qué hicieron los israelitas? ¿Cuánto tiempo duró esta deplorable situación?

_____
_____
_____

Jueces 4:1-3 "Después de la muerte de Aod, los hijos de Israel volvieron a hacer lo malo ante los ojos de Jehová. ²Y Jehová los vendió en mano de Jabín rey de Canaán, el cual reinó en Hazor; y el capitán de su ejército se llamaba Sísara, el cual habitaba en Haroset-goim. ³Entonces los hijos de Israel clamaron a Jehová, porque aquel tenía novecientos carros herrados, y había oprimido con crueldad a los hijos de Israel por veinte años".

"Debido a su idolatría, los israelitas se habían separado de Dios, y eran gravemente oprimidos por sus enemigos. Las propiedades, y aun las vidas del pueblo corrían peligro constante. Las aldeas y las moradas aisladas fueron abandonadas, y el pueblo se congregó en las ciudades fortificadas. Los caminos estaban desiertos y la gente se movía de lugar en lugar por senderos no frecuentados. En los pozos que proveían el agua, muchos eran robados e incluso asesinados. Para empeorar las cosas, los israelitas no estaban armados. Entre cuarenta mil hombres, no se encontraba ni una espada ni una lanza" (*Hijas de Dios*, pág. 34).

LUNES

DÉBORA, UNA MUJER VALIENTE

2. Mientras el pueblo sufría en condiciones tan horribles, ¿a quién llamó Débora, la profetisa y jueza, por ayuda? ¿Qué gran tarea le pidió que llevara a cabo?

Jueces 4:4-7 "Gobernaba en aquel tiempo a Israel una mujer, Débora, profetisa, mujer de Lapidot; ⁵y acostumbraba sentarse bajo la palmera de Débora, entre Ramá y Bet-el, en el monte de Efraín; y los hijos de Israel subían a ella a juicio. ⁶Y ella envió a llamar a Barac hijo de Abinoam, de Cedes de Neftalí, y le dijo: ¿No te ha mandado Jehová Dios de Israel, diciendo: Ve, junta a tu gente en el monte de Tabor, y toma contigo diez mil hombres de la tribu de Neftalí y de la tribu de Zabulón; ⁷y yo atraeré hacia ti al arroyo de Cisón a Sísara, capitán del ejército de Jabín, con sus carros y su ejército, y lo entregaré en tus manos?".

"Por veinte años los israelitas gimieron bajo el yugo opresor; luego se volvieron de la idolatría y con humillación y arrepentimiento le pidieron al Señor que los librara. No llamaron en vano. Moraba en Israel una mujer famosa por su piedad, y por medio de ella Dios escogió liberar a su pueblo. Su nombre era Débora. Se la conocía como profetisa, y en ausencia de los magistrados comunes el pueblo la buscaba para que los aconsejara e hiciera justicia" (*Reflejemos a Jesús*, pág. 321).

MARTES

3. ¿Bajo qué condición aceptó Barac asumir la tarea? ¿A quién llamó por ayuda contra el opresor?

Jueces 4:8-10 *"Barac le respondió: Si tú fueres conmigo, yo iré; pero si no fueres conmigo, no iré. ⁹Ella dijo: Iré contigo; mas no será tuya la gloria de la jornada que emprendes, porque en mano de mujer vencerá Jehová a Sísara. Y levantándose Débora, fue con Barac a Cedes. ¹⁰Y juntó Barac a Zabulón y a Neftalí en Cedes, y subió con diez mil hombres a su mando; y Débora subió con él".*

"Barac sabía que los hebreos estaban dispersos, abatidos y desarmados, como conocía también la fuerza y la capacidad de sus enemigos. Si bien él había sido el único escogido y designado por el Señor mismo para librar a Israel, y había recibido la seguridad de que Dios lo acompañaría y de que vencería a sus enemigos, aún continuaba siendo tímido y desconfiado. Aceptó el mensaje de Débora como palabra de Dios, pero era poco lo que confiaba en Israel y temía que el pueblo no obedeciera su llamamiento. Sólo aceptó ocuparse de tan dudoso intento si Débora lo acompañaba, para apoyar sus esfuerzos con su influencia y consejo...

"El Señor comunicó a Débora su propósito de destruir a los enemigos de Israel, la invitó a que buscara a un hombre llamado Barac... y le hiciera saber las instrucciones que ella había recibido. Fue así que ella buscó a Barac y le indicó que reuniera a diez mil hombres de las tribus de Neftalí y Zabulón e hiciera guerra contra los ejércitos del rey Jabín" (*Reflejemos a Jesús*, pág. 321).

MIÉRCOLES

EL GENERAL SÍSARA DESPLEGÓ SUS CARROS

4. Consciente del desafío, ¿a quiénes reunió Sísara, creyendo que saldría victorioso de los israelitas subyugados?

> Jueces 4:11-13 "Y Heber ceneo, de los hijos de Hobab suegro de Moisés, se había apartado de los ceneos, y había plantado sus tiendas en el valle de Zaanaim, que está junto a Cedes. ¹²Vinieron, pues, a Sísara las nuevas de que Barac hijo de Abinoam había subido al monte de Tabor. ¹³Y reunió Sísara todos sus carros, novecientos carros herrados, con todo el pueblo que con él estaba, desde Haroset-goim hasta el arroyo de Cisón".

_____
_____
_____

"Barac reunió entonces un ejército de diez mil hombres y marchó hacia el monte Tabor, tal como el Señor le había ordenado. Sísara inmediatamente reunió una fuerza inmensa y bien equipada, esperando rodear a los hebreos y convertirlos en presa fácil. Los israelitas estaban mal preparados para un encuentro y contemplaron con terror los vastos ejércitos desplegados en la llanura debajo de ellos, equipados con todos los instrumentos de guerra y provistos de los temidos carros de hierro. Estos estaban construidos de tal manera que eran terriblemente destructivos. Se sujetaban a los ejes grandes cuchillos parecidos a guadañas, de modo que los carros, al ser conducidos a través de las filas enemigas, los cortaban como trigo ante la hoz" (*Signs of the Times*, 16 de junio de 1881).

JUEVES

5. Por medio de la profetisa Débora, ¿qué mandato le dio el Señor a Barac? ¿Quién derrotó realmente al general Sísara y sus ejércitos?

◣ Jueces 4:14-16 "Entonces Débora dijo a Barac: Levántate, porque este es el día en que Jehová ha entregado a Sísara en tus manos. ¿No ha salido Jehová delante de ti? Y Barac descendió del monte de Tabor, y diez mil hombres en pos de él. ¹⁵Y Jehová quebrantó a Sísara, a todos sus carros y a todo su ejército, a filo de espada delante de Barac; y Sísara descendió del carro, y huyó a pie. ¹⁶Mas Barac siguió los carros y el ejército hasta Haroset-goim, y todo el ejército de Sísara cayó a filo de espada, hasta no quedar ni uno".

"Los israelitas se habían ubicado en una posición ventajosa en las montañas, esperando la oportunidad favorable para el ataque. Alentado por la seguridad que le dio Débora de que en ese día obtendrían una victoria significativa, Barac condujo a su ejército hacia la abierta planicie y atacó audazmente al enemigo. El Dios de los ejércitos luchó a favor de Israel, y ni la capacidad bélica ni la superioridad numérica ni el equipo que poseían pudieron soportar el ataque. Las huestes de Sísara fueron presas del pánico... Sólo Dios pudo haber derrotado al enemigo, y la victoria sólo podía adjudicarse a Él" (*Reflejemos a Jesús*, pág. 321).

VIERNES

6. Completamente derrotado, ¿dónde buscó refugio y alivio Sísara? ¿Quién era Jael?

◣ Jueces 4:11, 17-20 "Y Heber ceneo, de los hijos de Hobab suegro de Moisés, se había apartado de los ceneos, y había plantado sus tiendas en el valle de Zaanaim, que está junto a Cedes. ...¹⁷Y Sísara huyó a pie a la tienda de Jael mujer de Heber ceneo; porque había paz entre Jabín rey de Hazor y la casa de Heber ceneo. ¹⁸Y saliendo Jael a recibir a Sísara, le dijo: Ven, señor mío, ven a mí, no tengas temor. Y él vino a ella a la tienda, y ella le cubrió con una manta. ¹⁹Y él le dijo: Te ruego me des de beber un poco de agua, pues tengo sed. Y ella abrió un odre de leche y le dio de beber, y le volvió a cubrir. ²⁰Y él le dijo: Estate a la puerta de la tienda; y si alguien viniere, y te preguntare, diciendo: ¿Hay aquí alguno? tú responderás que no".

"Cuando Sísara vio que su ejército era derrotado, abandonó su carruaje e intentó escapar a pie, como un soldado común. En su huida se aproximó a la tienda de Heber, uno de los descendientes de Jetro. En ausencia de Heber, Jael, su esposa, le ofreció una bebida refrescante y oportunidad para reposar. Pronto el cansado general se había dormido" (*Hijas de Dios*, pág. 35).

SÁBADO

SÍSARA PERDIÓ LA BATALLA Y LA VIDA

7. ¿Cuál fue el fin innoble de este guerrero que luchó contra Dios y su pueblo?

_____

_____

Jueces 4:21-24 "Pero Jael mujer de Heber tomó una estaca de la tienda, y poniendo un mazo en su mano, se le acercó calladamente y le metió la estaca por las sienes, y la enclavó en la tierra, pues él estaba cargado de sueño y cansado; y así murió. ²²Y siguiendo Barac a Sísara, Jael salió a recibirlo, y le dijo: Ven, y te mostraré al varón que tú buscas. Y él entró donde ella estaba, y he aquí Sísara yacía muerto con la estaca por la sien.²³Así abatió Dios aquel día a Jabín, rey de Canaán, delante de los hijos de Israel. ²⁴Y la mano de los hijos de Israel fue endureciéndose más y más contra Jabín rey de Canaán, hasta que lo destruyeron".

"Al principio Jael no sabía quién era su huésped, y resolvió esconderlo. Pero alertada de que era Sísara, el enemigo de Dios y de su pueblo, cambió de opinión. Venciendo su rechazo natural a realizar tal acto, mató al enemigo mientras dormía, atravesándole una estaca entre sus sienes y afirmándolo al suelo. Cuando Barac, en persecución de su enemigo, pasó por el lugar, fue llamado por Jael para que contemplara al vanaglorioso capitán muerto [...] por las manos de una mujer" (*Hijas de Dios*, pág. 35).

 ESTUDIO ADICIONAL

"Un alma unida con Cristo, que come su carne, bebe su sangre, acepta toda palabra que sale de la boca de Dios y vive de ella, luchará contra toda transgresión y toda insinuación del pecado. Llega a ser cada día más semejante a una luz refulgente, llega a ser cada día más victoriosa. Va avanzando de fuerza en fuerza, no de debilidad en debilidad" (*Testimonios para los Ministros*, pág. 441).

LECCIÓN 7

Sábado 15 de febrero, 2025

HIMNO DE LIBERACIÓN

"'Maldecid a Meroz, dijo el ángel de Jehová; maldecid severamente a sus moradores, porque no vinieron al socorro de Jehová, el socorro de Jehová contra los fuertes'. Jueces 5:23. ¿Qué hizo Meroz? Nada. Ese fue su pecado. La maldición de Dios recayó sobre ellos por lo que no hicieron. El hombre de mente egoísta y estrecha es responsable por su mezquindad; pero los que tienen sentimientos bondadosos y generosos impulsos, y amor por las almas, tienen una tremenda responsabilidad; porque si permiten que esos talentos queden sin usar y se desperdicien, serán considerados siervos infieles. La mera posesión de estos dones no basta. Los que los poseen deben darse cuenta de que sus obligaciones y responsabilidades son mayores" (*Testimonios para la Iglesia*, tomo 2, pág. 256).

DOMINGO

ALABANZA AL SEÑOR

1. ¿Cómo expresaron Débora y Barac su gran gozo por el resultado de la batalla? ¿Quién recibió correctamente la gloria y el honor por la victoria de Israel sobre sus opresores?

📖 Jueces 5:1-5. *"Aquel día cantó Débora con Barac hijo de Abinoam, diciendo:²Por haberse puesto al frente los caudillos en Israel, Por haberse ofrecido voluntariamente el pueblo, Load a Jehová.³Oíd, reyes; escuchad, oh príncipes; Yo cantaré a Jehová, Cantaré salmos*

LA OBRA DE DIOS A TRAVÉS DE LOS JUECES 49

a Jehová, el Dios de Israel. ⁴Cuando saliste de Seir, oh Jehová, Cuando te marchaste de los campos de Edom, La tierra tembló, y los cielos destilaron, Y las nubes gotearon aguas. ⁵Los montes temblaron delante de Jehová, Aquel Sinaí, delante de Jehová Dios de Israel".

"El alabar a Dios de todo corazón y con sinceridad, es un deber igual al de la oración. Hemos de mostrar al mundo y a los seres celestiales que apreciamos el maravilloso amor de Dios hacia la humanidad caída, y que esperamos bendiciones cada vez mayores de su infinita plenitud. Mucho más de lo que hacemos, debemos hablar de los preciosos capítulos de nuestra vida cristiana. Después de un derramamiento especial del Espíritu Santo, aumentarían grandemente nuestro gozo en el Señor y nuestra eficiencia en su servicio, al repasar sus bondades y sus maravillosas obras en favor de sus hijos" (*Palabras de Vida del Gran Maestro*, pág. 241).

LUNES

2. ¿Qué pensamiento viene a la mente en cuanto a llamar *"madre en Israel"* a Débora? ¿Cuál fue la implicación de su declaración que ante ella no había *"escudo o lanza entre cuarenta mil en Israel"*?

Jueces 5:6-10 *"En los días de Samgar hijo de Anat, En los días de Jael, quedaron abandonados los caminos, y los que andaban por las sendas se apartaban por senderos torcidos. ⁷Las aldeas quedaron abandonadas en Israel, habían decaído, hasta que yo Débora me levanté, me levanté como madre en Israel. ⁸Cuando escogían nuevos dioses, la guerra estaba a las puertas; ¿Se veía escudo o lanza entre cuarenta mil en Israel? ⁹Mi corazón es para vosotros, jefes de Israel, para los que voluntariamente os ofrecisteis entre el pueblo. Load a Jehová. ¹⁰Vosotros los que cabalgáis en asnas blancas, los que presidís en juicio, y vosotros los que viajáis, hablad".*

"Durante cuarenta años los israelitas gimieron bajo el yugo opresor; luego se volvieron de la idolatría y con humillación y arrepentimiento le pidieron al Señor que los librara. No llamaron en vano. Moraba en Israel una mujer famosa por su piedad, y por medio de ella Dios escogió liberar a su pueblo. Su nombre era Débora. Se la conocía como profetisa, y en ausencia de los magistrados comunes el pueblo la buscaba para que los aconsejara e hiciera justicia" (*Reflejemos a Jesús*, pág. 321).

MARTES

BENDICIÓN POR COOPERACIÓN

3 **¿Qué decía el himno acerca de las respuestas de las distintas tribus y las acciones del pueblo? ¿Qué nos enseña sobre cómo afrontar los problemas?**

_____

_____

▶ Jueces 5:13-16 "Entonces marchó el resto de los nobles; El pueblo de Jehová marchó por él en contra de los poderosos. ¹⁴De Efraín vinieron los radicados en Amalec, en pos de ti, Benjamín, entre tus pueblos; De Maquir descendieron príncipes, y de Zabulón los que tenían vara de mando. ¹⁵Caudillos también de Isacar fueron con Débora; Y como Barac, también Isacar se precipitó a pie en el valle. Entre las familias de Rubén hubo grandes resoluciones del corazón. ¹⁶¿Por qué te quedaste entre los rediles, para oír los balidos de los rebaños? Entre las familias de Rubén hubo grandes propósitos del corazón".

"El Señor coloca a hombres de puestos de responsabilidad no para que ejecuten su propia voluntad, sino la voluntad de Dios. Él da sabiduría a quienes lo buscan y dependen de él como su Consejero. Tan pronto como los hombres representen los puros principios de su gobierno, él continuará bendiciéndolos y manteniéndolos como sus instrumentos para realizar sus propósitos concerniente a su pueblo. Él coopera con quienes cooperan con él" (*Liderazgo Cristiano*, pág. 62).

"La voluntad de los hombres, de las mujeres y de los niños ha de ser entrenada para cooperar con Dios... La melodía del gozo espiritual, de la salud física, será revelada y promoverá esa bendición que el Señor Jesús vino a impartir a nuestro mundo a todo aquel que cree" (*El Cristo Triunfante*, pág. 241).

MIÉRCOLES

4. ¿Cómo contribuyeron todas las tribus a la batalla contra los enemigos de Israel? ¿Qué aspecto especialmente significativo se registró en el cántico de victoria?

Jueces 5:17-21 "Galaad se quedó al otro lado del Jordán; Y Dan, ¿por qué se estuvo junto a las naves? Se mantuvo Aser a la ribera del mar, y se quedó en sus puertos. [18]El pueblo de Zabulón expuso su vida a la muerte, Y Neftalí en las alturas del campo. [19]Vinieron reyes y pelearon; Entonces pelearon los reyes de Canaán, en Taanac, junto a las aguas de Meguido, mas no llevaron ganancia alguna de dinero. [20]Desde los cielos pelearon las estrellas; Desde sus órbitas pelearon contra Sísara. [21]Los barrió el torrente de Cisón, el antiguo torrente, el torrente de Cisón. Marcha, oh alma mía, con poder".

JUEVES

5. ¿Qué declaran las Escrituras acerca de la ciudad cuyos habitantes no echaron una mano? Por otra parte, ¿qué bendición se cantó sobre Jael, la esposa de Heber el quenita, que no era estrictamente israelita?

Jueces 5:23-27 "Maldecid a Meroz, dijo el ángel de Jehová; Maldecid severamente a sus moradores, porque no vinieron al socorro de Jehová, al socorro de Jehová contra los fuertes. [24]Bendita sea entre las mujeres Jael, mujer de Heber ceneo; Sobre las mujeres bendita sea en la tienda. [25]Él pidió agua, y ella le dio leche; En tazón de nobles le presentó crema. [26]Tendió su mano a la estaca, y su diestra al mazo de trabajadores, y golpeó a Sísara; hirió su cabeza, y le horadó, y atravesó sus sienes. ²⁷Cayó encorvado entre sus pies, quedó tendido; Entre sus pies cayó encorvado; Donde se encorvó, allí cayó muerto".

"El Juez dijo: 'Todos serán justificados por su fe, y juzgados por sus obras'. ¡Cuán vívidamente aparecía entonces su negligencia, y cuán prudente el arreglo de Dios al dar a cada uno una obra que hacer para promover la causa y salvar a sus semejantes! Cada uno debía manifestar una fe viva entre su familia y su vecindario, revelando bondad hacia los pobres, compasión hacia los afligidos, dedicándose a la obra misionera y ayudando a la causa de Dios con sus recursos. Pero, como en el caso de Meroz, la maldición de Dios recaía sobre ellos por lo que no habían hecho. Habían amado el trabajo que les producía el mayor provecho en esta vida; y frente a sus nombres, en el libro mayor dedicado a las buenas obras, había un lamentable espacio en blanco" (*Testimonios para la Iglesia*, tomo 4, pág. 379).

VIERNES

NO TE ENREDES EN ASUNTOS CUESTIONABLES

6. ¿Qué deben esperar los que cooperan en una causa mala, incluso si usan todas sus fuerzas?

Jueces 5:28-30 "*La madre de Sísara se asoma a la ventana, por entre las celosías a voces dice: ¿Por qué tarda su carro en venir? ¿Por qué las ruedas de sus carros se detienen? ²⁹Las más avisadas de sus damas le respondían, y aun ella se respondía a sí misma: ³⁰¿No han hallado botín, y lo están repartiendo? A cada uno una doncella, o dos; Las vestiduras de colores para Sísara, las vestiduras bordadas de colores; La ropa de color bordada de ambos lados, para los jefes de los que tomaron el botín*".

"Es importante que todos acudan ahora a participar de la obra, y que actúen como si fueran seres humanos vivos, que trabajan para

LA OBRA DE DIOS A TRAVÉS DE LOS JUECES

la salvación de las almas que perecen. Si todos los miembros de la iglesia se pusieran de parte del Señor, veríamos tal reavivamiento de su obra como no lo hemos visto hasta ahora. Dios requiere esto de ustedes y de cada hermano. Son ustedes quienes deben decidir si es o no mejor obedecer el llamado del Señor. Se requiere obediencia; y a menos que obedezcan, van a estar peor que si se encontraran en terreno neutral. A menos que sean favorecidos por la bendición de Dios, tendrán su maldición. El desea que sean bien dispuestos y obedientes, y dice que en ese caso comerán del bien de la tierra. Una amarga maldición se pronuncia contra los que no se ponen de parte del Señor. 'Maldecid a Meroz, dijo el ángel de Jehová; maldecid severamente a sus moradores, porque no vinieron al socorro de Jehová, al socorro de Jehová contra los fuertes'. Jueces 5:23. Satanás y sus ángeles están en el campo para oponerse a todo paso que den los hijos de Dios para avanzar; por lo tanto, se requiere la colaboración de todos" (*Testimonios para la Iglesia*, tomo 2, pág. 150).

"Hay una clase representada por Meroz. El espíritu misionero nunca ha tomado posesión de sus almas. Los llamamientos de las misiones en el extranjero no los han conmovido para obrar. ¿Qué cuenta rendirán a Dios los que no están haciendo nada en su causa, nada para ganar almas para Cristo? Los tales recibirán la denuncia: 'Malo y negligente siervo'" (*Servicio Cristiano*, pág. 46).

SÁBADO

7. ¿Qué pasaría con los enemigos de Israel, según el himno? ¿Qué deseo se expresó para aquellos que amaban a Dios y su obra?

Jueces 5:31 *"Así perezcan todos tus enemigos, oh Jehová; Mas los que te aman, sean como el sol cuando sale en su fuerza".*

"Nuestra obra será incompleta si no preparamos a otras personas para que sean colaboradoras de Dios, para visitar a las familias y orar por ellas, y para mostrar al mundo lo que Jesús ha hecho por nosotros. La Palabra de Dios declara: 'La religión pura y sin mácula delante de Dios el Padre es ésta: Visitar a los huérfanos y a las viudas en sus tribulaciones, y guardarse sin mancha del mundo'. Estas palabras están dirigidas a cada seguidor de Cristo. No sólo el pastor, sino cada alma relacionada con el Señor debe trabajar en su viña. 'En esto es glorificado mi Padre -dijo Cristo-, en que llevéis mucho fruto'. Juan 15:8. Mediante su propia vida Cristo pagó el fervor y la cordial colaboración de cada uno de ustedes. Si no trabajan como fieles misioneros, son desleales al cometido que se les confió, y desilusionan a su Salvador" (*Cada Día con Dios*, pág. 368).

 ESTUDIO ADICIONAL

"La prosperidad temporal y espiritual han sido prometidas a condición de que se obedezca la ley de Dios. Pero no leemos la Palabra de Dios y así no nos familiarizamos con los términos de la bendición que ha de darse a todos los que prestan diligente atención a la ley de Dios y la enseñan diligentemente a sus familias. La obediencia a la Palabra de Dios es nuestra vida, nuestra felicidad. Contemplamos el mundo y lo vemos gemir bajo el peso de la impiedad y la violencia de los hombres que han rebajado la ley de Dios. El ha retirado su bendición de los huertos y los viñedos. Si no fuera por su pueblo que guarda los mandamientos y que vive en la tierra, no detendría sus juicios. Extiende su misericordia a causa de los justos que lo aman y le temen" (*Conducción del Niño*, pág. 74).

LECCIÓN 8

Sábado 22 de febrero, 2025

Lea el Informe Misionero del Departamento de
EVANGELIZACIÓN DE LA ASOCIACIÓN GENERAL
en la página 63

EL LLAMADO DE GEDEÓN

"Gedeón sintió profundamente su propia insuficiencia para la gran obra que se encontraba delante de él... El Señor no siempre elige hombres con talentos muy grandes para su obra, sino que selecciona a los que podrá usar mejor. Personas que podrían realizar un buen trabajo para el Señor pueden ser dejadas por un tiempo en la oscuridad, aparentemente ignoradas y sin ser empleadas por su Maestro. Pero si cumplen fielmente los deberes de su humilde posición, poniendo buena voluntad al trabajar y sacrificarse por él, a su tiempo él les confiará mayores responsabilidades" (*Conflicto y Valor*, pág. 126).

DOMINGO

1. ¿Qué permitió el Señor que sucediera cuando Israel, nuevamente, hizo lo malo ante sus ojos?

_____

_____

▶ Jueces 6:1-4, 6 "Los hijos de Israel hicieron lo malo ante los ojos de Jehová; y Jehová los entregó en mano de Madián por siete años. ²Y la mano de Madián prevaleció contra Israel. Y los hijos de Israel, por causa de los madianitas, se hicieron cuevas en los montes, y cavernas, y lugares fortificados. ³Pues sucedía que cuando Israel había sembrado, subían los madianitas y amalecitas y los hijos del oriente contra ellos; subían y los atacaban. ⁴Y acampando contra *ellos destruían los frutos de la tierra, hasta llegar a Gaza; y no dejaban qué comer en Israel, ni ovejas, ni bueyes, ni asnos. ...⁶y los hijos de Israel clamaron a Jehová".*

"Los hijos de Israel hicieron un voto solemne a Dios de que serían obedientes; pero hicieron caso omiso de los requisitos del Señor. Algunos permanecieron leales a Dios, pero la mayoría hizo caso omiso de la palabra. Desafían la ley de Dios y 'enseñan como doctrinas mandamientos de hombres'. Debido a su transgresión, el Señor estaba a punto de divorciarse de la nación desobediente. Les había hablado por los profetas y por Cristo, el gran Maestro, la luz del mundo. Si deseaban hacer lo correcto, se les revelaba claramente el camino" (*Review and Herald*, 27 de febrero de 1900).

LUNES

LA GENTE FUE ADVERTIDA

2 ¿Qué mensaje envió al pueblo para que comprendiera sus serias responsabilidades?

Jueces 6:7-10 "Y cuando los hijos de Israel clamaron a Jehová, a causa de los madianitas, ⁸Jehová envió a los hijos de Israel un varón profeta, el cual les dijo: Así ha dicho Jehová Dios de Israel: Yo os hice salir de Egipto, y os saqué de la casa de servidumbre. ⁹Os libré de mano de los egipcios, y de mano de todos los que os afligieron, a los cuales eché de delante de vosotros, y os di su tierra; ¹⁰y os dije: Yo soy Jehová vuestro Dios; no temáis a los dioses de los amorreos, en cuya tierra habitáis; pero no habéis obedecido a mi voz".

"Si los requerimientos de un padre bueno y sabio, que recurrió a los medios mejores y más eficaces para proteger a su posteridad de los males de la intemperancia, eran dignos de ser obedecidos estrictamente, la autoridad de Dios debe tenerse ciertamente en reverencia tanto mayor por cuanto él es más santo que el hombre. Nuestro Creador y nuestro Comandante, infinito en poder, terrible en el juicio, procura por todos los medios inducir a los hombres a ver sus pecados y a arrepentirse de ellos. Por boca de sus siervos, predice los peligros de la desobediencia; deja oír la nota de advertencia, y reprende fielmente el pecado. Sus hijos conservan la prosperidad tan sólo por su misericordia, y gracias al cuidado vigilante de instrumentos escogidos. Él no puede sostener y guardar a un pueblo que rechaza sus consejos y desprecia sus reprensiones. Demorará tal vez por un tiempo sus castigos; pero no puede detener su mano para siempre" (*Conflicto y Valor*, pág. 238).

MARTES

EL SEÑOR ELIGIÓ A GEDEÓN

3. ¿Qué le dijo el Ángel del Señor a Gedeón cuando se le apareció?

 **Jueces 6:11-13** "Y vino el ángel de Jehová, y se sentó debajo de la encina que está en Ofra, la cual era de Joás abiezerita; y su hijo Gedeón estaba sacudiendo el trigo en el lagar, para esconderlo de los madianitas. ¹²Y el ángel de Jehová se le apareció, y le dijo: Jehová está contigo, varón esforzado y valiente. ¹³Y Gedeón le respondió: Ah, señor mío, si Jehová está con nosotros, ¿por qué nos ha sobrevenido todo esto? ¿Y dónde están todas sus maravillas, que nuestros padres nos han contado, diciendo: No nos sacó Jehová de Egipto? Y ahora Jehová nos ha desamparado, y nos ha entregado en mano de los madianitas".

"Era Gedeón, hijo de Joas, de la tribu de Manasés. La rama a la cual pertenecía esta familia no desempeñaba ningún cargo destacado, pero la casa de Joas se distinguía por su valor y su integridad. Se dice de sus valientes hijos: 'Cada uno semejaba los hijos de un rey'. Cayeron todos víctimas de las luchas contra los madianitas, menos uno cuyo nombre llegó a ser temido por los invasores. A Gedeón llamó, pues, el Señor para libertar a su pueblo. Estaba entonces ocupado en trillar su trigo. Había ocultado una pequeña cantidad de cereal, y no atreviéndose a trillarlo en la era ordinaria, había recurrido a un sitio cercano al lagar, pues como faltaba mucho para que las uvas estuvieran maduras, los viñedos recibían poca atención. Mientras Gedeón trabajaba en secreto y en silencio, pensaba con tristeza en las condiciones de Israel, y consideraba cómo se podría hacer para sacudir el yugo del opresor de su pueblo" (*Patriarcas y Profetas*, pág. 530).

MIÉRCOLES

4. ¿Qué gran tarea le pidió el Señor a Gedeón que realizara? ¿Qué promesa le hizo cuando expresó su creencia de no ser suficiente para la tarea?

Jueces 6:14-16 "Y mirándole Jehová, le dijo: Ve con esta tu fuerza, y salvarás a Israel de la mano de los madianitas. ¿No te envío yo? [15]Entonces le respondió: Ah, señor mío, ¿con qué salvaré yo a Israel? He aquí que mi familia es pobre en Manasés, y yo el menor en la casa de mi padre. [16]Jehová le dijo: Ciertamente yo estaré contigo, y derrotarás a los madianitas como a un solo hombre".

"De repente 'se le apareció el ángel de Jehová' y le dirigió estas palabras: 'Jehová está contigo, hombre esforzado'. 'Ah, señor mío -fue su respuesta-, si Jehová está con nosotros, ¿por qué nos ha sobrevenido todo esto? ¿Dónde están todas esas maravillas que nuestros padres nos han contado, diciendo: ¿No nos sacó Jehová de Egipto? Y ahora Jehová nos ha desamparado y nos ha entregado en manos de los madianitas'.
"El Mensajero celestial le respondió: 'Ve con esta tu fuerza, y salvarás a Israel de la mano de los madianitas. ¿No te envío yo?'" (*Patriarcas y Profetas*, pág. 531).

JUEVES

5. ¿Qué significaba derribar un altar y construir otro?

> Jueces 6:25-27 "Aconteció que la misma noche le dijo Jehová: Toma un toro del hato de tu padre, el segundo toro de siete años, y derriba el altar de Baal que tu padre tiene, y corta también la imagen de Asera que está junto a él; 26y edifica altar a Jehová tu Dios en la cumbre de este peñasco en lugar conveniente; y tomando el segundo toro, sacrifícalo en holocausto con la madera de la imagen de Asera que habrás cortado. 27Entonces Gedeón tomó diez hombres de sus siervos, e hizo como Jehová le dijo. Mas temiendo hacerlo de día, por la familia de su padre y por los hombres de la ciudad, lo hizo de noche".

"Dios entonces encargó a Moisés que no hiciera ningún pacto con los habitantes de la tierra adonde debían ir, para que no cayesen en una trampa. Pero debían destruir sus altares de ídolos, romper sus imágenes y talar sus arboledas que estaban dedicadas a sus ídolos y donde el pueblo se reunía para celebrar sus fiestas idólatras, dadas en honor de sus dioses ídolos. Entonces les dijo: 'No adoraréis a ningún otro dios, porque el Señor, cuyo nombre es celoso, es un Dios celoso'" (*Spiritual Gifts*, tomo 3, pág. 292).

VIERNES

GEDEÓN AMENAZADO

6. ¿Qué querían hacer los habitantes de la ciudad con Gedeón cuando supieron que derribó el altar de Baal y cortó la estatua de Asera?

> Jueces 6:30-32 "Saca a tu hijo para que muera, porque ha derribado el altar de Baal y ha cortado la imagen de Asera que estaba junto a él. 31Y Joás respondió a todos los que estaban junto a él: ¿Contenderéis vosotros por Baal? ¿Defenderéis su

causa? Cualquiera que contienda por él, que muera esta mañana. Si es un dios, contienda por sí mismo con el que derribó su altar. ³²Aquel día Gedeón fue llamado Jerobaal, esto es: Contienda Baal contra él, por cuanto derribó su altar".

"La orden divina se ejecutó fielmente. Sabiendo que encontraría resistencia si intentaba hacerlo públicamente, Gedeón realizó su obra en secreto y con la ayuda de sus siervos la completó en una noche. Grande fue la ira de los habitantes de Ofra cuando llegaron a la siguiente mañana para rendir culto a Baal. Habrían quitado la vida a Gedeón si Joas, a quien se le había contado lo de la visión del ángel, no hubiese salido en defensa de su hijo. '¿Lucharéis vosotros por Baal? ¿Defenderéis su causa? Cualquiera que contienda por él, que muera esta mañana. Si es un dios, que luche por sí mismo con quien derribó su altar'. Si Baal no había podido defender su propio altar, ¿cómo podía creerse que protegería a sus adoradores?" (*Patriarcas y Profetas*, pág. 531).

SÁBADO

7. ¿Qué pidió Gedeón para estar seguro que era la voluntad de Dios salvar a Israel por su medio?

Jueces 6:36-40 "Y Gedeón dijo a Dios: Si has de salvar a Israel por mi mano, como has dicho, ³⁷he aquí que yo pondré un vellón de lana en la era; y si el rocío estuviere en el vellón solamente, quedando seca toda la otra tierra, entonces entenderé que salvarás a Israel por mi mano, como lo has dicho. ³⁸Y aconteció así, pues cuando se levantó de mañana, exprimió el vellón y sacó de él el rocío, un tazón lleno de agua. ³⁹Mas Gedeón dijo a Dios: No se encienda tu ira contra mí, si aún hablare esta vez; solamente probaré ahora otra vez con el vellón. Te ruego que solamente el vellón quede seco, y el rocío sobre la tierra. ⁴⁰Y aquella noche lo hizo Dios así; solo el vellón quedó seco, y en toda la tierra hubo rocío".

"Gedeón no se atrevió a encabezar el ejército sin tener evidencias adicionales de que Dios le había llamado para esta obra, y de que estaría con él. Le rogó así: 'Si has de salvar a Israel por mi mano, como has dicho, he aquí que yo pondré un vellón de lana en la era; si el rocío está sobre el vellón solamente, y queda seca toda la otra tierra, entonces entenderé que salvarás a Israel por mi mano, como lo has dicho'. Por la mañana el vellón estaba mojado, en tanto que la tierra estaba seca. Sintió, sin embargo, una duda, puesto que la lana absorbe naturalmente la humedad cuando la hay en el aire; la prueba no era tal vez decisiva. Por consiguiente, rogando que su extrema cautela no desagradara al Señor, pidió que la señal se invirtiera. Le fue otorgado lo que pidió" (*Patriarcas y Profetas*, pág. 532).

 ESTUDIO ADICIONAL

"En todos los tiempos Dios se valió de santos ángeles para socorrer y librar a su pueblo. Los seres celestiales tomaron parte activa en los asuntos de los hombres. Aparecieron con vestiduras que relucían como el rayo; vinieron como hombres en traje de caminantes. Hubo casos en que aparecieron ángeles en forma humana a los siervos de Dios. Descansaron bajo los robles al mediodía como si hubiesen estado cansados. Aceptaron la hospitalidad en hogares humanos. Sirvieron de guías a viajeros extraviados. Con sus propias manos encendieron los fuegos del altar. Abrieron las puertas de las cárceles y libertaron a los siervos del Señor. Vestidos de la armadura celestial, vinieron para quitar la piedra de sepulcro del Salvador" (*El Conflicto de los Siglos*, pág. 614).

INFORME MISIONERO DEL DEPARTAMENTO DE
EVANGELISMO DE LA ASOCIACIÓN GENERAL
Para ser leído el sábado 22 de febrero, 2025

Queridos hermanos y hermanas en Cristo:

Jesús encargó a sus seguidores la gran comisión del evangelio en Marcos 16:15: "Y les dijo: Id por todo el mundo y predicad el evangelio a toda criatura".

A través de la obra del Espíritu Santo y los esfuerzos y sacrificio de los pioneros y mensajeros de Dios, la iglesia tiene miembros en 162 países, así como contactos que están recibiendo estudios bíblicos que presentan la verdad de la Reforma. Las Naciones Unidas enumeran 193 países oficiales en el mundo junto con aproximadamente 50 territorios independientes y semiindependientes.

Los países y territorios a los que aún no se ha llegado se encuentran en el norte de África, Asia, parte de Europa y muchas islas en los diferentes mares. Incluyen principalmente religiones musulmanas, hindúes, budistas y otras paganas o ateas. También existe una enorme barrera lingüística, ya que en el mundo se hablan 7.100 idiomas y dialectos diferentes. Pero, aunque hay muchas limitaciones en lugar de barreras, Jesús prometió estar con su pueblo y guiarlo por el maravilloso don del Espíritu Santo.

Bajo el tema RESCATE, el Departamento de Evangelización de la Asociación General está centrando sus esfuerzos especialmente en dos áreas:

1. Trabajar en las redes sociales, llegando así a personas en los rincones más remotos y oscuros de la tierra donde los obreros no pueden ir.
2. Movilizar a los creyentes creando y capacitando equipos de socorristas o misioneros laicos para compartir la palabra de Dios en cooperación con los líderes de la iglesia.

- **Trabajo con las redes sociales**

En los últimos años, el Señor en su gracia ha abierto nuevas puertas a través de las redes sociales para alcanzar al mundo con la verdad presente. El Departamento de Evangelismo ha creado y continúa estableciendo cuentas de redes sociales y sitios web en diferentes idiomas, como *labibliatienerazon.org* en español, *biblewell.org* en inglés, *labiblearaison.org* en francés y otros en Facebook, Youtube e Instagram.

A través de las importantes donaciones de varios hermanos, en 2020 se compraron notificaciones pagas para promocionar cursos bíblicos a través de las redes sociales en diferentes países. A través de estas redes sociales se ha llegado a más de 120 millones de personas y se han recibido miles de solicitudes para el curso bíblico. Se crearon equipos de correspondencia lingüística para responder a estas solicitudes. Se necesitan entre $300 y $500 para ejecutar una buena campaña promocional en las redes sociales en un nuevo país para ofrecer cursos bíblicos y temas espirituales que lleguen a millones de personas con el mensaje. Gracias a la obra de Dios, muchas personas ya han completado estudios bíblicos y algunas han hecho un pacto con Dios.

Pero hemos recibido solicitudes en muchos otros idiomas y llamados macedonicos de todos los continentes para visitar a almas interesadas que están tomando estudios bíblicos y quieren ser confirmadas en la verdad. Por lo tanto, el Departamento de Evangelismo tiene los siguientes objetivos para responder a solicitudes de cursos bíblicos en los siguientes 12 idiomas principales que se hablan en varios países:

1. Inglés: 1.452 millones
2. Chino (mandarín): 1.118 millones
3. Hindú: 602 millones
4. Español: 548 millones
5. Francés: 280 millones
6. Árabe: 274 millones
7. Bengalí: 272 millones
8. Ruso: 258 millones
9. Portugués: 257 millones
10. Urdu (Pakistán, India): 231 millones
11. Suajili: 200 millones
12. Alemán: 134 millones

Se necesitan unos 5.000 dólares al año para mantener a una persona que pueda ayudar con la correspondencia necesaria para llegar a un nuevo país. Además, se tiene que hacer una inversión en equipos y programas electrónicos para preparar videos y mensajes en múltiples idiomas y poder llegar con el evangelio eterno al mayor número de personas posible.

Además, se planean nuevas series de interesantes documentales con temas bíblicos en varios idiomas que inspiran al oyente a suscribirse al curso bíblico. Una nueva serie documental cuesta cerca de 10.000 dólares en personal, edición, producción, derechos, equipo y otros gastos.

También queremos compartir la verdad presente sobre los canales que utilizan las nuevas pantallas de televisores inteligentes. Se necesitan unos 10.000 dólares para cubrir un canal de televisión al año por región. Los gastos son mucho mayores para la televisión por satélite.

- **Movilizar a los creyentes para hacer trabajo laico**

"El Señor pide voluntarios ahora. Id, trabajadores de Dios, llorando, llevando la preciosa semilla; porque sin duda volveréis gozosos, trayendo vuestras gavillas" (*Review and Herald*, 15 de diciembre de 1885).

Queridos hermanos y hermanas, trabajando juntos podemos lograr mucho más que si trabajamos solos. Comenzando con el apoyo de sus oraciones, recuerde darle "me gusta" a las presentaciones en las redes sociales cuando salga un nuevo video para que pueda tener mayor alcance y comparta los enlaces con amigos y contactos.

En 2024, se prepararon nuevos desafíos de RESCATE para unir a los creyentes en la evangelización:

1. Equipo de Rescate: Sea parte de un equipo de voluntarios que trabajan juntos en actividades misioneras personales.
2. Rescate del Hogar: Únase a un equipo de personas que abren sus hogares para compartir la palabra de Dios con vecinos y amigos.
3. Misión Rescate: Sea parte de un equipo que desarrolla actividades de evangelismo público.
4. Rescate de Servicio: Únase a quienes ponen sus talentos al servicio de sus prójimos.

Encontrará más información sobre el plan RESCATE en el siguiente sitio web: *www.planrescate.org*.

Únete a estos desafíos del plan RESCATE para alcanzar almas para el reino de Dios. También podrán hacer aportes para que el mensaje pueda llegar a un nuevo país y ayudar a abarcar todo el planeta en preparación para la venida del Señor Jesús.

"Y será predicado este evangelio del reino en todo el mundo, para testimonio a todas las naciones; y entonces vendrá el fin" Mateo 24:14.

Gracias de antemano por sus aportes. Oramos para que Dios multiplique los medios de cada donante alegre.

Tu hermano en Cristo,

—Pastor Pablo Hunger
Director del Departamento de Evangelismo
de la Asociación General

LECCIÓN 9

Ofrenda Especial de Escuela Sabática
DEPARTAMENTO DE EVANGELISMO DE LA ASOCIACIÓN GENERAL
¡Dios multiplique sus generosas donaciones!

VICTORIA CON POCOS

Sábado 1 de marzo, 2025

"El verdadero carácter cristiano se caracteriza por una unicidad de propósito, una determinación indomable, que se niega a ceder a las influencias mundanas, que apuntarán nada menos que a la norma bíblica. Si los hombres se permiten desanimarse en el servicio de Dios, el gran adversario presentará abundantes razones para desviarlos del sencillo camino del deber hacia uno de tranquilidad e irresponsabilidad. Aquellos a quienes se puede sobornar o seducir, desanimar o aterrorizar, no serán de ninguna utilidad en la guerra cristiana. Aquellos que ponen sus afectos en los tesoros mundanos o en los honores mundanos, no impulsarán la batalla contra principados y potestades, ni contra la maldad espiritual en las altas esferas" (*Signs of the Times*, 30 de junio de 1881).

 **DOMINGO**

1. Sabiendo que tres naciones se habían unido, estaban en el territorio de Israel y a punto de atacar, ¿qué llamamiento envió Gedeón a las cuatro tribus?

Jueces 6:33-35; 7:1 *"Pero todos los madianitas y amalecitas y los del oriente se juntaron a una, y pasando acamparon en el valle de Jezreel. ³⁴Entonces el Espíritu de Jehová vino sobre Gedeón, y cuando este tocó el cuerno, los abiezeritas se reunieron con él. ³⁵Y envió mensajeros por todo Manasés, y ellos también se juntaron con él; asimismo envió*

66 LECCIONES DE ESCUELA SABÁTICA - PRIMER SEMESTRE 2025

mensajeros a Aser, a Zabulón y a Neftalí, los cuales salieron a encontrarles. ⁷:¹Levantándose, pues, de mañana Jerobaal, el cual es Gedeón, y todo el pueblo que estaba con él, acamparon junto a la fuente de Harod; y tenía el campamento de los madianitas al norte, más allá del collado de More, en el valle".

"Todos los que quieran ser soldados de la cruz de Cristo deben ceñirse la armadura y prepararse para el conflicto. No debieran ser intimidados por amenazas ni aterrorizados por riesgos. Deben ser precavidos en el peligro, y sin embargo firmes y valientes en afrontar al enemigo y reñir la batalla de Dios. La consagración del seguidor de Cristo debe ser completa. Padre, madre, esposa, hijos, casas, tierras, todo debe considerarse como secundario ante la obra y la causa de Dios. Debe estar dispuesto a llevar paciente, alegre y gozosamente cualquier cosa que en la providencia de Dios sea llamado a sufrir. Su recompensa final será compartir con Cristo el trono de gloria inmortal ... Se cita Juec. 7:4" (*Signs of the Times*, June 30, 1881).

LUNES

REDUCCIÓN DEL NÚMERO DE COMBATIENTES

2. ¿Qué instrucciones recibió Gedeón de Dios justo cuando tenía un buen número de voluntarios listos para defender a Israel? ¿Por qué el Señor lo requirió?

Jueces 7:2-3 "Y Jehová dijo a Gedeón: El pueblo que está contigo es mucho para que yo entregue a los madianitas en su mano, no sea que se alabe Israel contra mí, diciendo: Mi mano me ha salvado. ³Ahora, pues, haz pregonar en oídos del pueblo, diciendo: Quien tema y se estremezca, madrugue y devuélvase desde el monte de Galaad. Y se devolvieron de los del pueblo veintidós mil, y quedaron diez mil".

"Debido a que el número de sus soldados era muy pequeño en comparación con los del enemigo, Gedeón se había abstenido de hacer la proclamación de costumbre. Se llenó de asombro al oír que su ejército era demasiado grande. Pero el Señor veía el orgullo y la incredulidad que había en el corazón de su pueblo. Incitado por las conmovedoras exhortaciones de Gedeón, se había alistado de buena gana; pero muchos se llenaron de temor al ver las multitudes de los madianitas. No obstante, si Israel hubiera triunfado, aquellos mismos miedosos se habrían atribuido la gloria en vez de adjudicarle la victoria a Dios" (*Conflicto y Valor*, pág. 127).

MARTES

3. Teniendo que enfrentar un ejército como langostas en número, ¿qué lógico le pareció a Gedeón reducir el número a incluso menos hombres? ¿Qué podía esperar de un número tan pequeño?

Jueces 7:4-8 "Y Jehová dijo a Gedeón: Aún es mucho el pueblo; llévalos a las aguas, y allí te los probaré; y del que yo te diga: Vaya este contigo, irá contigo; mas de cualquiera que yo te diga: Este no vaya contigo, el tal no irá. ⁵Entonces llevó el pueblo a las aguas; y Jehová dijo a Gedeón: Cualquiera que lamiere las aguas con su lengua como lame el perro, a aquel pondrás aparte; asimismo a cualquiera que se doblare sobre sus rodillas para beber. ⁶Y fue el número de los que lamieron llevando el agua con la mano a su boca, trescientos hombres; y todo el resto del pueblo se dobló sobre sus rodillas para beber las aguas. ⁷Entonces Jehová dijo a Gedeón: Con estos trescientos hombres que lamieron el agua os salvaré, y entregaré a los madianitas en tus manos; y váyase toda la demás gente cada uno a su lugar. ⁸Y habiendo tomado provisiones para el pueblo, y sus trompetas, envió a todos los israelitas cada uno a su tienda, y retuvo a aquellos trescientos hombres; y tenía el campamento de Madián abajo en el valle".

"Gedeón obedeció las instrucciones del Señor, y con el corazón oprimido vio marcharse para sus hogares a veintidós mil hombres, o sea más de las dos terceras partes de su ejército.

"El Señor está ansioso de hacer grandes cosas para nosotros. No obtendremos la victoria porque seamos un pueblo numeroso, sino mediante la entrega completa del alma a Jesús. Debemos avanzar con su fuerza, confiando en el poderoso Dios de Israel. Hay una lección para nosotros en el ejército de Gedeón... El Señor tiene ahora el mismo anhelo de trabajar a través de esfuerzos humanos y de realizar grandes cosas mediante débiles instrumentos" (*Conflicto y Valor*, pág. 127).

MIÉRCOLES

ÁNIMO POR UN SUEÑO

4. ¿Qué valor adquirió Gedeón? ¿Qué escuchó después que Dios le dijo que fuera al campamento enemigo?

Jueces 7:9-14 "Aconteció que aquella noche Jehová le dijo: Levántate, y desciende al campamento; porque yo lo he entregado en tus manos. ¹⁰Y si tienes temor de descender, baja tú con Fura tu criado al campamento, ¹¹y oirás lo que hablan; y entonces tus manos se esforzarán, y descenderás al campamento. Y él descendió con Fura su criado hasta los puestos avanzados de la gente armada que estaba en el campamento. ¹²Y los madianitas, los amalecitas y los hijos del oriente estaban tendidos en el valle como langostas en multitud, y sus camellos eran innumerables como la arena que está a la ribera del mar en multitud. ¹³Cuando llegó Gedeón, he aquí que un hombre estaba contando a su compañero un sueño, diciendo: He aquí yo soñé un sueño: Veía un pan de cebada que rodaba hasta el campamento de Madián, y llegó a la tienda, y la golpeó de tal manera que cayó, y la trastornó de arriba abajo, y la tienda cayó. ¹⁴Y su compañero respondió y dijo: Esto no es otra cosa sino la espada de Gedeón hijo de Joás, varón de Israel. Dios ha entregado en sus manos a los madianitas con todo el campamento.

"El Señor está dispuesto a hacer grandes cosas por nosotros. No ganaremos la victoria mediante números, sino mediante una entrega plena del alma a Jesús. Debemos avanzar en su fortaleza, confiando en el poderoso Dios de Israel.
"Hay una lección para nosotros en el relato del ejército de Gedeón. ... El Señor está dispuesto igualmente ahora a actuar mediante los esfuerzos humanos, y a realizar grandes cosas mediante débiles instrumentos. Es esencial tener un conocimiento inteligente de la verdad, pues ¿en qué otra forma podríamos hacer frente a sus astutos oponentes? Debe estudiarse la Biblia no sólo por las doctrinas que enseña sino por sus lecciones prácticas. Nunca debierais ser sorprendidos, nunca debierais estar sin vuestra armadura puesta. Estad preparados para cualquier emergencia, para cualquier llamamiento del deber. Aguardad, velad por cada oportunidad para presentar la verdad; sed versados en las profecías, familiarizaos con las lecciones de Cristo. No confiéis en argumentos bien preparados. Un argumento solo no es suficiente. Debéis buscar a Dios puestos de rodillas; debéis salir para encontrar a las personas mediante el poder y la influencia de su Espíritu. Actuad prestamente. Dios quiere que seáis soldados siempre listos como fueron los hombres que componían el ejército de Gedeón. Muchas veces los ministros son demasiado meticulosos, demasiado calculadores. Mientras se preparan para hacer una gran obra dejan pasar la oportunidad de hacer una buena obra. El ministro actúa como si toda la carga descansara sobre él, un pobre hombre limitado, cuando Jesús es el que lo lleva a él y también a su carga. Hermanos, confiad menos en el yo, y más en Jesús" (*Review and Herald*, 1 de julio de 1884).

JUEVES

5. ¿Qué convenció a Gedeón que el Señor entregaría a los enemigos en sus manos?

Jueces 7:15-18 *"Cuando Gedeón oyó el relato del sueño y su interpretación, adoró; y vuelto al campamento de Israel, dijo:*

Levantaos, porque Jehová ha entregado el campamento de Madián en vuestras manos. ¹⁶Y repartiendo los trescientos hombres en tres escuadrones, dio a todos ellos trompetas en sus manos, y cántaros vacíos con teas ardiendo dentro de los cántaros. ¹⁷Y les dijo: Miradme a mí, y haced como hago yo; he aquí que cuando yo llegue al extremo del campamento, haréis vosotros como hago yo. ¹⁸Yo tocaré la trompeta, y todos los que estarán conmigo; y vosotros tocaréis entonces las trompetas alrededor de todo el campamento, y diréis: ¡Por Jehová y por Gedeón!".

"El Señor obra a su manera y según sus propios designios. Que los hombres oren para poder despojarse de sí mismos y estar en armonía con el cielo. Que oren: 'No se haga mi voluntad, sino la tuya, oh Dios'. Que los hombres tengan presente que los caminos de Dios no son sus caminos, ni sus pensamientos sus pensamientos.... En las instrucciones que el Señor le dio a Gedeón cuando estaba a punto de pelear con los madianitas... estos hombres precisos, metódicos y formales no verían más que inconsistencia y confusión. Empezarían a retroceder con protestas y resistencia decididas. Habrían sostenido largas controversias para mostrar la inconsistencia y los peligros que acompañarían a la continuación de la guerra de una manera tan extrema, y en su juicio finito declararían todos esos movimientos como completamente ridículos e irrazonables. ¡Qué inconsistente, habrían considerados los científicos los movimientos de Josué y su ejército durante la toma de Jericó!" (*Review and Herald*, 5 de mayo de 1896).

VIERNES

ANTORCHAS, CÁNTAROS Y TROMPETAS

6 ¿Qué pasó cuando los hombres se unieron a Gedeón para tocar las trompetas? ¿Quién hizo un milagro en ese momento?

Jueces 7:19, última parte, 23 "... y tocaron las trompetas, y quebraron los cántaros que llevaban en sus manos. ²⁰Y los tres escuadrones tocaron las trompetas, y quebrando los cántaros tomaron en la mano izquierda las teas, y en la derecha las trompetas con que tocaban, y gritaron: ¡Por la espada de Jehová y de Gedeón! ²¹Y se estuvieron firmes cada uno en su puesto en derredor del campamento; entonces todo el ejército echó a correr dando gritos y huyendo. ²²Y los trescientos tocaban las trompetas; y Jehová puso la espada de cada uno contra su compañero en todo el campamento. Y el ejército huyó hasta Bet-sita, en dirección de Zerera, y hasta la frontera de Abel-mehola en Tabat. ²³Y juntándose los de Israel, de Neftalí, de Aser y de todo Manasés, siguieron a los madianitas".

"El ejército que dormía se despertó de repente. Por todos lados, se veía la luz de las antorchas encendidas. En toda dirección se oía el sonido de las trompetas, y el clamor de los asaltantes. Creyéndose a la merced de una fuerza abrumadora, los madianitas se volvieron presa del pánico. Con frenéticos gritos de alarma, huían para salvar la vida, y tomando a sus propios compañeros como enemigos se mataban unos a otros. Cuando cundieron las nuevas de la victoria, volvieron miles de los hombres de Israel que habían sido despachados a sus hogares, y participaron en la persecución del enemigo que huía. Los madianitas se dirigían hacia el Jordán, con la esperanza de llegar a su territorio, allende el río" (*Patriarcas y Profetas*, págs. 534-535).

📅 SÁBADO

7. ¿Qué llamamiento envió Gedeón a los efrainitas? ¿A qué condujo su respuesta positiva?

🖋 Jueces 7:24-25 "Gedeón también envió mensajeros por todo el monte de Efraín, diciendo: Descended al encuentro de los madianitas, y tomad los vados de Bet-bara y del Jordán antes que ellos lleguen. Y juntos todos los hombres de Efraín, tomaron los vados de Bet-bara y del Jordán. ²⁵Y tomaron a dos príncipes de los madianitas, Oreb y Zeeb; y mataron a Oreb en la peña de Oreb, y a Zeeb lo mataron en el lagar de Zeeb; y después que siguieron a los madianitas, trajeron las cabezas de Oreb y de Zeeb a Gedeón al otro lado del Jordán".

"Gedeón envió mensajeros a los de la tribu de Efraín, para incitarlos a que interceptaran el paso a los fugitivos en los vados meridionales. Entretanto, con sus trescientos hombres, 'cansados, pero todavía persiguiendo a los de Madián' (Jueces 8:4), Gedeón cruzó el río, en busca de los que ya habían ganado la ribera opuesta. Los dos príncipes, Zeba y Zalmuna, quienes encabezaban toda la hueste, y habían escapado con un ejército de quince mil hombres, fueron alcanzados por Gedeón, quien dispersó completamente su fuerza, y capturó a sus jefes y les dio muerte.

"En esta derrota decisiva, no menos de ciento veinte mil de los invasores perecieron. Fue quebrantado el dominio de los madianitas, de modo que nunca más pudieron guerrear contra Israel. Se extendió rápidamente por todas partes la noticia de que nuevamente el Dios de Israel había peleado por su pueblo. Fue indescriptible el terror que experimentaron las naciones vecinas al saber cuán sencillos habían sido los medios que prevalecieron contra el poderío de un pueblo audaz y belicoso" (*Patriarcas y Profetas*, pág. 535).

 ESTUDIO ADICIONAL

"El jefe a quien Dios había escogido para derrotar a los madianitas no ocupaba un puesto eminente en Israel. No era príncipe, ni sacerdote, ni levita. Se consideraba como el menor en la casa de su padre, pero Dios vio en él a un hombre valiente y sincero. No confiaba en sí mismo, y estaba dispuesto a seguir la dirección del Señor. Dios no escoge siempre, para su obra, a los hombres de talentos más destacados sino a los que mejor puede utilizar. 'Delante de la honra está la humildad'. Proverbios 15:33. El Señor puede obrar más eficazmente por medio de los que mejor comprenden su propia insuficiencia, y quieran confiar en él como su jefe y la fuente de su poder. Los hará fuertes mediante la unión de su debilidad con su propio poder, y sabios al relacionar la ignorancia de ellos con su sabiduría" (*Patriarcas y Profetas*, pág. 535).

LECCIÓN 10

Sábado 8 de marzo, 2025

CONFLICTO INTERNO Y EXTERNO

"Mas Gedeón respondió: No seré señor sobre vosotros, ni mi hijo os señoreará: Jehová señoreará sobre vosotros" Jueces 8:23

"Antes del honor, está la humildad. El Señor puede usar con más eficacia a los que son conscientes de su propia indignidad e ineficacia. Les enseñará a ejercitar el valor que proviene de la fe. Los hará fuertes uniendo la debilidad de ellos a su poder, y sabios uniendo la ignorancia de ellos con su sabiduría" (*Conflicto y Valor*, pág. 126).

DOMINGO

1 ¿Qué queja le presentaron los hombres de Efraín a Gedeón? ¿Con qué humildad y sabiduría les respondió, calmando así su ira?

_____

_____

_____

▶ Jueces 8:1-3 *"Pero los hombres de Efraín le dijeron: ¿Qué es esto que has hecho con nosotros, no llamándonos cuando ibas a la guerra contra Madián? Y le reconvinieron fuertemente. ²A los cuales él respondió: ¿Qué he hecho yo ahora comparado con vosotros? ¿No es el rebusco de Efraín mejor que la vendimia de Abiezer? ³Dios ha entregado en vuestras manos a Oreb y a Zeeb, príncipes de Madián; ¿y qué he podido yo hacer comparado con vosotros? Entonces el enojo de ellos contra él se aplacó, luego que él habló esta palabra".*

"La respuesta humilde y prudente de Gedeón apaciguó la ira de los hombres de Efraín, y volvieron en paz a sus hogares. ¡Cuántas de las dificultades que existen en el mundo hoy día emanan de los mismos malos rasgos de carácter que movieron a los hombres de Efraín, y cuántos males podrían evitarse si todos los que son acusados o censurados injustamente manifestaran el humilde y abnegado espíritu de Gedeón!" (*Signs of the Times*, 21 de julio de 1881).

🗓 LUNES

2. ¿Qué pidió apropiadamente Gedeón a los hombres de Sucot? ¿Cómo respondieron?

📖 Jueces 8:4-9 "Y vino Gedeón al Jordán, y pasó él y los trescientos hombres que traía consigo, cansados, mas todavía persiguiendo. ⁵Y dijo a los de Sucot: Yo os ruego que deis a la gente que me sigue algunos bocados de pan; porque están cansados, y yo persigo a Zeba y Zalmuna, reyes de Madián. ⁶Y los principales de Sucot respondieron: ¿Están ya Zeba y Zalmuna en tu mano, para que demos pan a tu ejército? ⁷Y Gedeón dijo: Cuando Jehová haya entregado en mi mano a Zeba y a Zalmuna, yo trillaré vuestra carne con espinos y abrojos del desierto. ⁸De allí subió a Peniel, y les dijo las mismas palabras. Y los de Peniel le respondieron como habían respondido los de Sucot. ⁹Y él habló también a los de Peniel, diciendo: Cuando yo vuelva en paz, derribaré esta torre".

🗓 MARTES

DERROTA DE LOS REYES MADIANITAS

3. ¿Qué pasó con los dos reyes de Madián y sus ejércitos después que no lograron derrotar a Israel?

📖 Jueces 8:10-12 "Y Zeba y Zalmuna estaban en Carcor, y con ellos su ejército como de quince mil hombres, todos los que habían quedado de todo el ejército de los hijos del oriente; pues habían caído ciento veinte mil hombres que sacaban espada. ¹¹Subiendo, pues, Gedeón por el camino de los que habitaban en tiendas al oriente de Noba y de Jogbeha, atacó el campamento, porque el ejército no estaba en guardia. ¹²Y huyendo Zeba y Zalmuna, él los siguió; y prendió a los dos reyes de Madián, Zeba y Zalmuna, y llenó de espanto a todo el ejército".

"Nadie puede practicar la verdadera benevolencia sin sacrificio. Sólo mediante una vida sencilla, abnegada y de estricta economía podemos llevar a cabo la obra que nos ha sido señalada como a representantes de Cristo. El orgullo y la ambición mundana deben ser desalojados de nuestro corazón. En todo nuestro trabajo ha de cumplirse el principio de abnegación manifestado en la vida de Cristo. En las paredes de nuestras casas, en los cuadros, en los muebles, tenemos que leer esta inscripción: 'A los pobres que no tienen hogar acoge en tu casa.' En nuestros roperos tenemos que ver escritas, como con el dedo de Dios, estas palabras: 'Viste al desnudo.' En el comedor, en la mesa cargada de abundantes manjares, deberíamos ver trazada esta inscripción: 'Comparte tu pan con el hambriento'" (*El Ministerio de Curación*, pág. 157).

MIÉRCOLES

4. ¿Qué pasó con los habitantes de Sucot que unos días antes se habían negado a dar comida a los exhaustos soldados de Israel?

Jueces 8:13-17 "Entonces Gedeón hijo de Joás volvió de la batalla antes que el sol subiese, ¹⁴y tomó a un joven de los hombres de Sucot, y le preguntó; y él le dio por escrito los nombres de los principales y de los ancianos de Sucot, setenta y siete varones. ¹⁵Y entrando a los hombres de Sucot, dijo: He aquí a Zeba y a Zalmuna, acerca de los cuales me zaheristeis, diciendo: ¿Están ya en tu mano Zeba y Zalmuna, para que demos nosotros pan a *tus hombres cansados? ¹⁶Y tomó a los ancianos de la ciudad, y espinos y abrojos del desierto, y castigó con ellos a los de Sucot. ¹⁷Asimismo derribó la torre de Peniel, y mató a los de la ciudad".*

"Las buenas obras son los frutos que Cristo quiere que produzcamos; palabras amables, hechos generosos, de tierna consideración por los pobres, los necesitados, los afligidos. Cuando los corazones simpatizan con otros corazones abrumados por el desánimo y el pesar, cuando la mano se abre en favor de los necesitados, cuando se viste al desnudo, cuando se da la bienvenida al extranjero para que ocupe su lugar en la casa y en el corazón, los ángeles se acercan, y un acorde parecido resuena en los Cielos. Todo acto de justicia, misericordia y benevolencia produce melodías en el Cielo. El Padre desde su trono observa a los que llevan a cabo estos actos de misericordia, y los cuenta entre sus más preciosos tesoros. 'Y serán míos, dice Jehová de los ejércitos, en aquel día cuando reúna mis joyas'. Todo acto misericordioso, realizado en favor de los necesitados y los que sufren es considerado como si se lo hubiera hecho a Jesús. Cuando socorréis al pobre, simpatizáis con el afligido y el oprimido, y cultiváis la amistad del huérfano, entabláis una relación más estrecha con Jesús" (*Testimonios para la Iglesia*, tomo 2, pág. 24).

JUEVES

5. Puesto que previamente habían matado a todos los hermanos de Gedeón, ¿qué destino les aconteció a los dos reyes madianitas?

Jueces 8:18-21 *"Luego dijo a Zeba y a Zalmuna: ¿Qué aspecto tenían aquellos hombres que matasteis en Tabor? Y ellos respondieron: Como tú, así eran ellos; cada uno parecía hijo de rey. ¹⁹Y él dijo: Mis hermanos eran, hijos de mi madre. ¡Vive Jehová, que si les hubierais conservado la vida, yo no os mataría! ²⁰Y dijo a Jeter su primogénito: Levántate,* y mátalos. Pero el joven no desenvainó su espada, porque tenía temor, pues era aún muchacho. ²¹Entonces dijeron Zeba y Zalmuna: Levántate tú, y mátanos; porque como es el varón, tal es su valentía. Y Gedeón se levantó, y mató a Zeba y a Zalmuna; y tomó los adornos de lunetas que sus camellos traían al cuello".

"Creyéndose a la merced de una fuerza abrumadora, los madianitas se volvieron presa del pánico. Con frenéticos gritos de alarma, huían para salvar la vida, y tomando a sus propios compañeros como enemigos se mataban unos a otros. Cuando cundieron las nuevas de la victoria, volvieron miles de los hombres de Israel que habían sido despachados a sus hogares, y participaron en la persecución del enemigo que huía. Los madianitas se dirigían hacia el Jordán, con la esperanza de llegar a su territorio, allende el río. Gedeón envió mensajeros a los de la tribu de Efraín, para incitarlos a que interceptaran el paso a los fugitivos en los vados meridionales. Entretanto, con sus trescientos hombres, 'cansados, pero todavía persiguiendo a los de Madián' (Jueces 8:4), Gedeón cruzó el río, en busca de los que ya habían ganado la ribera opuesta. Los dos príncipes, Zeba y Zalmuna, quienes encabezaban toda la hueste, y habían escapado con un ejército de quince mil hombres, fueron alcanzados por Gedeón, quien dispersó completamente su fuerza, y capturó a sus jefes y les dio muerte" (*Patriarcas y Profetas*, págs. 534-535).

VIERNES

LA HUMILDAD Y MODESTIA DE GEDEÓN

6. Cuando los hombres de Israel le pidieron a Gedeón que los gobernara, ¿qué reveló su respuesta acerca de su carácter? ¿A quién dirigió la mente del pueblo?

Jueces 8:22-23 "Y los israelitas dijeron a Gedeón: Sé nuestro señor, tú, y tu hijo, y tu nieto; pues que nos has librado de mano de Madián. ²³Mas Gedeón respondió: No seré señor sobre vosotros, ni mi hijo os señoreará: Jehová señoreará sobre vosotros".

"El jefe a quien Dios había escogido para derrotar a los madianitas no ocupaba un puesto eminente en Israel. No era príncipe, ni sacerdote, ni levita. Se consideraba como el menor en la casa de su padre, pero Dios vio en él a un hombre valiente y sincero. No confiaba en sí mismo, y estaba dispuesto a seguir la dirección del Señor. Dios no escoge siempre, para su obra, a los hombres de talentos más destacados sino a los que mejor puede utilizar. 'Delante de la honra está la humildad'. Proverbios 15:33. El Señor puede obrar más eficazmente por medio de los que mejor comprenden su propia insuficiencia, y quieran confiar en él como su jefe y la fuente de su poder. Los hará fuertes mediante la unión de su debilidad con su propio poder, y sabios al relacionar la ignorancia de ellos con su sabiduría" (*Patriarcas y Profetas*, pág. 535).

SÁBADO

7. **Aunque Gedeón fue valiente y fiel al liberar a Israel de los madianitas bajo la mano de Dios, ¿qué grave error cometió más tarde? ¿Qué fue esto para Israel y su casa?**

Jueces 8:24-27, 32 "Y les dijo Gedeón: Quiero haceros una petición; que cada uno me dé los zarcillos de su botín (pues traían zarcillos de oro, porque eran ismaelitas). ²⁵Ellos respondieron: De buena gana te los daremos. Y tendiendo un manto, echó allí cada uno los zarcillos de su botín. ²⁶Y fue el peso de los zarcillos de oro que él pidió, mil setecientos siclos de oro, sin las planchas y joyeles y vestidos de púrpura que traían los reyes de Madián, y sin los collares que traían sus camellos al cuello. ²⁷Y Gedeón hizo de ellos un efod, el cual hizo guardar en su ciudad de Ofra; y todo Israel se prostituyó tras de ese efod en aquel lugar; y fue tropezadero a Gedeón y a su casa. ...³²Y murió Gedeón hijo de Joás en buena vejez".

"Satanás nunca está ocioso. Está lleno de odio contra Dios, y continuamente está seduciendo a los hombres para que procedan equivocadamente. El gran adversario está especialmente activo después de que los ejércitos del Señor han ganado una victoria notable. Se presenta disfrazado como un ángel de luz, y como tal se esfuerza por derribar la obra de Dios. En esta forma sugirió pensamientos y planes a la mente de Gedeón mediante los cuales fue descarriado Israel" (*Signs of the Times*, 28 de julio de 1881).

 ESTUDIO ADICIONAL

"Los que desempeñan los cargos más elevados pueden descarriar a otros, especialmente si piensan que no hay peligro. Los más sabios yerran; los más fuertes se cansan. El exceso de precaución con frecuencia es seguido por un peligro igualmente grande como es el exceso de confianza. Para avanzar sin tropiezos debemos tener la seguridad de que nos sostendrá una mano todopoderosa, y nos alcanzará una piedad infinita, si caemos. Sólo Dios, en todo tiempo, oye nuestro clamor en procura de ayuda.
"Es un pensamiento solemne el hecho de que quitar una salvaguardia de la conciencia, fracasar en cumplir una buena resolución o en la formación de un hábito equivocado pueden resultar no sólo en nuestra propia ruina sino en la de los que han puesto su confianza en nosotros. Nuestra única seguridad es seguir por donde las pisadas del Maestro indican el camino, confiar implícitamente en la protección de Aquel que dice: 'Seguidme'. Nuestra oración constante debiera ser: 'Sustenta mis pasos en tus caminos, para que mis pies no resbalen'" (*Signs of the Times*, 28 de julio de 1881).

LECCIÓN 11

ABIMELEC Y JOTAM

Sábado 15 de marzo, 2025

"El gran pecado de Israel siempre había sido apartarse de Dios, olvidando su incomparable amor y su gran poder, revelados una y otra vez en su liberación. El aprecio por la misericordia y la bondad del Señor conducirá a un aprecio por aquellos que, como Gedeón, han sido empleados como instrumentos para bendecir a su pueblo. El proceder cruel de Israel hacia la casa de Gedeón era lo que se podía esperar de un pueblo que manifestaba tan vil ingratitud hacia Dios" (*Signs of the Times*, 4 de agosto de 1881).

DOMINGO

1 ¿Qué hizo el pueblo de Israel después de la muerte de Gedeón?

_____
_____

Jueces 8:33-35 "*Pero aconteció que cuando murió Gedeón, los hijos de Israel volvieron a prostituirse yendo tras los baales, y escogieron por dios a Baal-berit. ³⁴Y no se acordaron los hijos de Israel de Jehová su Dios, que los había librado de todos sus enemigos en derredor; ³⁵ni se mostraron agradecidos con la casa de Jerobaal, el cual es Gedeón, conforme a todo el bien que él había hecho a Israel*".

"Si los israelitas hubieran conservado una percepción clara del bien y del mal, habrían visto la falacia del razonamiento de Abimelec y la injusticia de sus afirmaciones. Habrían visto que estaba lleno de envidia y movido por una vil ambición de exaltarse

LA OBRA DE DIOS A TRAVÉS DE LOS JUECES 81

a sí mismo por la ruina de sus hermanos. No se puede confiar en aquellos que están controlados por políticas y no por principios. Pervertirán la verdad, ocultarán hechos e interpretarán las palabras de otros en el sentido de lo que nunca fue su intención. Emplearán palabras halagadoras, mientras veneno de áspides esté bajo su lengua. El que no busque fervientemente la guía divina será engañado por sus suaves palabras y sus ingeniosos planes" (*Signs of the Times*, 4 de agosto de 1881).

LUNES

LA AMBICIÓN Y LA INTRIGA DE ABIMELEC

2. ¿Qué discurso engañoso pronunció Abimelec, el hijo de Gedeón con una concubina, a los parientes de su madre en Siquem? ¿En qué se diferenciaba mucho su actitud de su padre?

Jueces 8:31; 9:1-3 *"También su concubina que estaba en Siquem le dio un hijo, y le puso por nombre Abimelec.* ⁹:¹*Abimelec hijo de Jerobaal fue a Siquem, a los hermanos de su madre, y habló con ellos, y con toda la familia de la casa del padre de su madre, diciendo:* ²*Yo os ruego que digáis en oídos de todos los de Siquem: ¿Qué os parece mejor, que os gobiernen setenta hombres, todos los hijos de Jerobaal, o que os gobierne un solo hombre? Acordaos que yo soy hueso vuestro, y carne vuestra.* ³*Y hablaron por él los hermanos de su madre en oídos de todos los de Siquem todas estas palabras; y el corazón de ellos se inclinó a favor de Abimelec, porque decían: Nuestro hermano es".*

"Según la mala costumbre de aquellos días, Gedeón había tomado numerosas esposas, y al morir dejó no menos de setenta hijos. Además de estos, había otro, Abimelec, 'el hijo de una mujer extraña'. Esta persona no tenía derecho a la herencia con los hijos legítimos de Gedeón, y su carácter degradado lo hacía aún más indigno de ser contado entre los descendientes del ilustre líder.

Los hijos de Gedeón habían estado de acuerdo en que su padre se negara a aceptar el trono de Israel, pero Abimelec decidió asegurarse el puesto para sí mismo. Como era natural de Siquem, donde vivían los parientes de su madre, los indujo a influir en los siquemitas a su favor. Se esforzó por promover sus propios intereses tergiversando vilmente a sus hermanos. Los acusó de intentar apoderarse del gobierno y unirse en su administración, y trató de convencer al pueblo de que sería mucho mejor para ellos ser gobernados por uno de los suyos que por una banda de tiranos así" (*Signs of the Times*, 4 de agosto de 1881).

MARTES

3. Seguro de la simpatía y el apoyo de los siquemitas, ¿qué brutal traición cometió Abimelec contra sus medio hermanos?

Jueces 9:4-6 "Y le dieron setenta siclos de plata del templo de Baal-berit, con los cuales Abimelec alquiló hombres ociosos y vagabundos, que le siguieron. ⁵Y viniendo a la casa de su padre en Ofra, mató a sus hermanos los hijos de Jerobaal, setenta varones, sobre una misma piedra; pero quedó Jotam el hijo menor de Jerobaal, que se escondió. ⁶Entonces se juntaron todos los de Siquem con toda la casa de Milo, y fueron y eligieron a Abimelec por rey, cerca de la llanura del pilar que estaba en Siquem".

"Abimelec tuvo éxito en sus planes y fue aceptado, al principio por los siquemitas, y luego por el pueblo en general, como gobernante de Israel. Pero aunque así fue exaltado a la posición más alta de la nación, era completamente indigno de esa confianza. Su nacimiento fue innoble, su carácter vicioso. Las cualidades más elevadas y nobles (virtud, integridad y verdad) nunca las había apreciado. Poseía una fuerte voluntad y una perseverancia indomable, y así, mediante las medidas más inescrupulosas, logró sus propósitos. Los israelitas, cegados por su propio proceder pecaminoso de apostasía, estaban actuando directamente en contra de los mandatos expresos de Dios, y él los dejó cosechar los resultados de su propia necedad. No era la voluntad de Dios que Israel tuviera un rey. Pero en caso de que quisieran ser gobernados así, el Señor, comprendiendo el orgullo y la perversidad del corazón humano, se había reservado el derecho de nombrar un rey sobre ellos" (*Signs of the Times*, 4 de agosto de 1881).

MIÉRCOLES

LA PARÁBOLA DE JOTAM

4. ¿Cómo reaccionó Jotam, el único hijo superviviente de Gedeón, ante la brutalidad y arbitrariedad de Abimelec? ¿Qué parábola dio para mostrar que Abimelec no merecía ser rey de Israel?

Jueces 9:7-16, 21 "Cuando se lo dijeron a Jotam, fue y se puso en la cumbre del monte de Gerizim, y alzando su voz clamó y les dijo: Oídme, varones de Siquem, y así os oiga Dios. ⁸Fueron una vez los árboles a elegir rey sobre sí, y dijeron al olivo: Reina sobre nosotros. ⁹Mas el olivo respondió: ¿He de dejar mi aceite, con el cual en mí se honra a Dios y a los hombres, para ir a ser grande sobre los árboles? ¹⁰Y dijeron los árboles a la higuera: Anda tú, reina sobre nosotros. ¹¹Y respondió la higuera: ¿He de dejar mi dulzura y mi buen fruto, para ir a ser grande sobre los árboles? ¹²Dijeron luego los árboles a la vid: Pues ven tú, reina sobre nosotros. ¹³Y la vid les respondió: ¿He de dejar mi mosto, que alegra a Dios y a los hombres, para ir a ser grande sobre los árboles? ¹⁴Dijeron entonces todos los árboles a la zarza: Anda tú, reina sobre nosotros. ¹⁵Y la zarza respondió a los árboles: Si en verdad me elegís por rey sobre vosotros, venid, abrigaos bajo de mi sombra; y si no, salga fuego de la zarza y devore a los cedros del Líbano. ¹⁶Ahora, pues, si con verdad y con integridad habéis procedido en hacer rey a Abimelec, y si habéis actuado bien con Jerobaal y con su casa, y si le habéis pagado conforme a la obra de sus manos. ... ²¹Y escapó Jotam y huyó, y se fue a Beer, y allí se estuvo por miedo de Abimelec su hermano".

"Cuando Jotam fue informado de esto, inmediatamente se dirigió a Siquem. Ardiendo con un sentimiento de la horrible injusticia y crueldad acumulada sobre su familia, decidió a toda costa presentarla ante la gente en su verdadera luz... Jotam ascendió al monte Gerizim hasta una posición donde todo el pueblo podía verlo y oírlo, y se dirigió a ellos con palabras de aguda reprensión. En una parábola muy apropiada y hermosa, les presentó la locura y la injusticia de su proceder. Él representó a los árboles buscando hacer que uno de ellos fuera rey sobre ellos....

"Entonces se retrató con fuerza la conducta altruista y poco ambiciosa de Gedeón y sus hijos, y también la ingratitud de los siquemitas. Entonces Jotam concluyó con palabras que resultaron ser una profecía: 'Si, pues, habéis tratado hoy verdadera y sinceramente a Jerobaal y a su casa, entonces gozaos en Abimelec, y él también se regocijará en vosotros'. Pero si no, salga fuego de Abimelec y devore a los hombres de Siquem y a la casa de Millo; y salga fuego de los hombres de Siquem y de la casa de Milo, y devore a Abimelec'" (*Signs of the Times*, 4 de agosto de 1881).

JUEVES

5. A pesar de todos sus vergonzosos abusos, ¿cuántos años reinó Abimelec sobre Israel? ¿Qué hizo el Señor, después de todo lo hecho por este hombre, para impedirle seguir gobernando sobre Israel?

Jueces 9:22-24 "Después que Abimelec hubo dominado sobre Israel tres años, ²³envió Dios un mal espíritu entre Abimelec y los hombres de Siquem, y los de Siquem se levantaron contra Abimelec; ²⁴para que la violencia hecha a los setenta hijos de Jerobaal, y la sangre de ellos, recayera sobre Abimelec su hermano que los mató, y sobre los hombres de Siquem que fortalecieron las manos de él para matar a sus hermanos".

"La transacción de nombrar a Abimelec su rey muestra cuán bajo había caído Israel. Qué contraste entre su líder humilde y temeroso de Dios, Moisés, que se había sentido totalmente indigno de ocupar su puesto, y este rey advenedizo, que se había asegurado el trono mediante la traición y se había establecido mediante la violencia y el derramamiento de sangre. Debería enviar terror a nuestras almas cuando reflexionamos hasta dónde pueden llegar los hombres en el crimen, cuando han rechazado la influencia del Espíritu de Dios. Un déspota, un asesino, fue colocado como comandante en jefe de Israel...

"Verdaderamente qué sorprendente contraste entre el líder abnegado y devoto a quien Dios nombró y el monstruo de ingratitud y crueldad a quien Israel había puesto ahora en el trono. Junto al olivo, la higuera y la vid, en la parábola de Jotam, estaban representados personajes tan nobles y rectos como Moisés y Josué, quienes habían sido una ilustración viviente de lo que debía ser un líder de Israel. Estos hombres no reclamaban honores reales. Su trabajo era bendecir a sus semejantes, y no aspiraban a rango ni poder" (*Signs of the Times*, 4 de agosto de 1881).

VIERNES

6 ¿Qué les hizo Abimelec a los habitantes de Siquem, a quienes consideraba traidores? ¿Qué otra ciudad atacó y tomó?

Jueces 9:42-45, 50 "Aconteció el siguiente día, que el pueblo salió al campo; y fue dado aviso a Abimelec, ⁴³el cual, tomando gente, la repartió en tres compañías, y puso emboscadas en el campo; y cuando miró, he aquí el pueblo que salía de la ciudad; y se levantó contra ellos y los atacó. ⁴⁴Porque Abimelec y la compañía que estaba con él acometieron con ímpetu, y se detuvieron a la entrada de la puerta de la ciudad, y las otras dos compañías acometieron a todos los que estaban en el campo, y los mataron. ⁴⁵Y Abimelec peleó contra la ciudad todo aquel día, y tomó la ciudad, y mató al pueblo que en ella estaba; y asoló la ciudad, y la sembró de sal. ...⁵⁰Después Abimelec se fue a Tebes, y puso sitio a Tebes, y la tomó".

"Durante tres años continuó el reinado de este hombre inicuo, y luego el Señor envió problemas entre los que se habían unido en un proceder malvado. Los mismos hombres que habían nombrado rey a Abimelec se disgustaron con su gobierno desmoralizador y su tiranía despiadada. Por traición había ganado el trono, y ahora por traición decidieron destituirlo. Se cumplieron las palabras de Jotam. La discordia, la contienda y el odio prevalecieron entre Abimelec y sus súbditos. La crueldad del rey no había terminado con los hijos de Gedeón. Todos los que se oponían a su voluntad eran ejecutados sumariamente. Pero el tiempo de la retribución, tanto para Abimelec como para los siquemitas que lo habían sostenido, estaba cerca. La ciudad de Siquem se rebeló y fue atacada por las fuerzas del rey, [y] sus habitantes fueron asesinados....
"Una ciudad vecina se unió a Siquem en la insurrección, y Abimelec procedió a atacar también este lugar. Habiendo tomado posesión, decidió quemar a los habitantes junto con la torre, como había hecho en Siquem. Pero el malvado rey había superado los límites de la tolerancia divina. Se le había permitido ejecutar la venganza de Dios sobre Israel, y su carrera criminal ahora iba a ser truncada" (*Signs of the Times*, 4 de agosto de 1881).

SÁBADO

DEL CONFLICTO A LA MUERTE

7. ¿Cómo terminó la vida de este hombre antagonista y abusivo? ¿Qué lección se puede aprender de lo escrito sobre él?

_____
_____
_____

◣ Jueces 9:52-57 "Y vino Abimelec a la torre, y combatiéndola, llegó hasta la puerta de la torre para prenderle fuego. ⁵³Mas una mujer dejó caer un pedazo de una rueda de molino sobre la cabeza de Abimelec, y le rompió el cráneo. ⁵⁴Entonces llamó apresuradamente a su escudero, y le dijo: Saca tu espada y mátame, para que no se diga de mí: Una mujer lo mató. Y su escudero le atravesó, y murió. ⁵⁵Y cuando los israelitas vieron muerto a Abimelec, se fueron cada uno a su casa. ⁵⁶Así pagó Dios a Abimelec el mal que hizo contra su padre, matando a sus setenta hermanos. ⁵⁷Y todo el mal de los hombres de Siquem lo hizo Dios volver sobre sus cabezas, y vino sobre ellos la maldición de Jotam hijo de Jerobaal".

◣ Mateo 7:2 "Porque con el juicio con que juzgáis, seréis juzgados, y con la medida con que medís, os será medido".

"Así la justicia de Dios castigó tanto a Abimelec como a los siquemitas. Esta terrible historia debería enseñarnos la lección de que el pecado nunca quedará impune y debería grabar en nuestras mentes el peligro de entrar en el camino de la desobediencia. Toda verdadera grandeza de carácter, toda paz y gozo del alma, debe provenir de la total conformidad con la voluntad de Dios. El camino de la obediencia alegre es el camino de la seguridad y la felicidad. Desde el Cielo se envían mensajes de misericordia para enseñarnos el camino correcto. La fuerza para el conflicto de la vida siempre nos espera. Con la ayuda de Dios podemos obtener la victoria" (_Signs of the Times_, 4 de agosto de 1881).

NOTAS

ESTUDIO ADICIONAL

"Cuando los hombres desechan el temor de Dios, no debemos sorprendernos de verlos apartarse del camino del honor y la integridad. Están siguiendo a otro guía. Se apresuran en el viaje de la vida, descuidados, presuntuosos, pero siempre temerosos e insatisfechos; porque han abandonado al único que puede darles descanso y seguridad. Una vez que comienzan a andar por un camino equivocado, muchos continúan como si estuvieran enamorados, aunque cada paso los aleja más de la Fuente de luz y la Torre de fortaleza... Hay muchos que despreciarían el apelativo de hombres de política, pero que se rebajarán al ocultamiento, la evasión e incluso la tergiversación, para lograr sus propósitos. El que, en una cuestión de bien o mal, permanece evasivo para poder conservar la amistad de todos; el que busca asegurar mediante la evasión de la verdad lo que debería ganarse con coraje; el que espera que otros tomen la iniciativa, cuando él mismo debería ir adelante, y luego se siente en libertad de censurar su conducta, todos éstos son contados a la vista de Dios como engañadores" —*Signs of the Times*, 4 de agosto de 1881.

LECCIÓN 12

Sábado 22 de marzo, 2025

TOLA Y JAIR— JUECES DE ISRAEL

"La verdadera confesión es siempre de carácter específico y reconoce pecados particulares. Pueden ser de tal naturaleza que deben ser presentados solamente ante Dios, pueden ser ofensas que se deben confesar a individuos que han sido dañados por causa de ellos, o pueden ser de tipo general que deben ser presentados ante el pueblo. Pero toda confesión debe ser definida y al punto, reconociendo los pecados mismos de que sois culpables" (*Testimonios para la Iglesia*, tomo 5, pág. 601).

 DOMINGO

1. ¿Qué juez levantó el Señor para defender a Israel y durante cuántos años tuvo tal responsabilidad?

Jueces 10:1-2 *"Después de Abimelec, se levantó para librar a Israel Tola hijo de Fúa, hijo de Dodo, varón de Isacar, el cual habitaba en Samir en el monte de Efraín. ²Y juzgó a Israel veintitrés años; y murió, y fue sepultado en Samir".*

"Después de la muerte de Abimelec, el usurpador, Dios levantó a Tola para que juzgara a Israel. Su pacífico reinado fue un feliz

90 LECCIONES DE ESCUELA SABÁTICA - PRIMER SEMESTRE 2025

contraste con las borrascosas escenas por las cuales había estado pasando la nación. No le tocó guiar ejércitos a la batalla y lograr victorias sobre los enemigos de Israel como lo habían hecho los gobernantes anteriores, pero su influencia estrechó más los vínculos del pueblo y estableció el gobierno sobre una base más firme. Restauró el orden, la ley y la justicia.

"A diferencia del orgulloso y envidioso Abimelec, el gran deseo de Tola no fue conseguir puesto y honores para sí mismo, sino mejorar la condición de su pueblo. Siendo un hombre de profunda humildad comprendió que no podía realizar ninguna gran obra, pero se propuso cumplir con fidelidad su deber para con Dios y su pueblo. Apreciaba grandemente el privilegio del culto divino, y eligió morar cerca del tabernáculo para poder asistir con más frecuencia a los servicios religiosos allí realizados" (*Signs of the Times*, 11 de agosto de 1881).

LUNES

2. Después de él, ¿a quién levantó el Señor? ¿Cuál fue su misión?

Jueces 10:3-5 *"Tras él se levantó Jair galaadita, el cual juzgó a Israel veintidós años. ⁴Este tuvo treinta hijos, que cabalgaban sobre treinta asnos; y tenían treinta ciudades, que se llaman las ciudades de Jair hasta hoy, las cuales están en la tierra de Galaad. ⁵Y murió Jair, y fue sepultado en Camón".*

"Tola gobernó a Israel veintitrés años y lo sucedió Jair. Este gobernante también temía al Señor y se esforzó por mantener su culto entre el pueblo. Al realizar las funciones del gobierno fue ayudado por sus hijos, quienes actuaban como magistrados e iban de lugar en lugar para administrar justicia" (*Signs of the Times*, 11 de agosto de 1881).

MARTES

MÁS DESOBEDIENCIA Y OPRESIÓN

3. Aunque la divina providencia siguió obrando para liberar a Israel de sus enemigos, ¿qué hizo el pueblo cuando ya no estaba bajo la guía de un juez?

Jueces 10:6 "Pero los hijos de Israel volvieron a hacer lo malo ante los ojos de Jehová, y sirvieron a los baales y a Astarot, a los dioses de Siria, a los dioses de Sidón, a los dioses de Moab, a los dioses de los hijos de Amón y a los dioses de los filisteos; y dejaron a Jehová, y no le sirvieron".

"'Lo enojaron con sus lugares altos y lo provocaron a celo con sus imágenes [...]. Dejó, por tanto, el tabernáculo de Silo, la tienda en que habitó entre los hombres. Entregó acautiverio su poderío; su gloria, en manos del enemigo'. Jueces 2:12; Salmos 78:52, 58, 60, 61. No obstante, Dios no abandonó por completo a su pueblo. Siempre hubo un remanente que permanecía fiel a Jehová; y de vez en cuando el Señor suscitaba hombres fieles y valientes para que destruyeran la idolatría y libraran a los israelitas de sus enemigos. Pero cuando el libertador moría, y el pueblo quedaba libre de su autoridad, volvía gradualmente a sus ídolos. Y así esa historia de apostasía y castigo, de confesión y liberación, se repitió una y otra vez" (*Patriarcas y Profetas*, pág. 529).

"En cierta medida, durante la última parte del gobierno de Jair, y en forma más generalizada después de su muerte, los israelitas cayeron otra vez en la idolatría" (*Signs of the Times*, 11 de agosto de 1881).

MIÉRCOLES

4. Entonces, ¿qué pasó de nuevo? ¿Hasta qué punto se extendieron a otras áreas los problemas que enfrentaron las tribus al este del Jordán?

Jueces 10:7-9 "Y se encendió la ira de Jehová contra Israel, y los entregó en mano de los filisteos, y en mano de los hijos de Amón; ⁸los cuales oprimieron y quebrantaron a los hijos de Israel en aquel tiempo dieciocho años, a todos los hijos de Israel que estaban al otro lado del Jordán en la tierra del amorreo, que está en Galaad. ⁹Y los hijos de Amón pasaron el Jordán para hacer también guerra contra Judá y contra Benjamín y la casa de Efraín, y fue afligido Israel en gran manera".

"Después de la muerte de Abimelec, el gobierno de algunos jueces que temían al Señor mantuvo por un tiempo en jaque a la idolatría; pero antes de mucho el pueblo volvió a practicar las costumbres de las comunidades paganas circundantes. Entre las tribus del norte, los dioses de Siria y de Sidón tenían muchos adoradores. Al sudoeste, los ídolos de los filisteos, y al este los de Moab y Amón, habían desviado del Dios de sus padres el corazón de Israel. Pero la apostasía acarreó rápidamente su castigo. Los amonitas subyugaron las tribus orientales, y cruzando el Jordán, invadieron el territorio de Judá y el de Efraín. Al occidente, los filisteos, ascendiendo de su llanura a orillas del mar, lo saqueaban y quemaban todo por doquiera. Una vez más Israel parecía haber sido abandonado al poder de enemigos implacables" (*Patriarcas y Profetas*, pág. 539).

LA OBRA DE DIOS A TRAVÉS DE LOS JUECES

JUEVES

RETICENCIA A ESCUCHAR PETICIONES

5. ¿De qué diferentes enemigos había librado el Señor a Israel cada vez que el pueblo lo invocaba en arrepentimiento?

_____
_____
_____

📖 Jueces 10:10-12 "Entonces los hijos de Israel clamaron a Jehová, diciendo: Nosotros hemos pecado contra ti; porque hemos dejado a nuestro Dios, y servido a los baales. ¹¹Y Jehová respondió a los hijos de Israel: ¿No habéis sido oprimidos de Egipto, de los amorreos, de los amonitas, de los filisteos, ¹²de los de Sidón, de Amalec y de Maón, y clamando a mí no os libré de sus manos?".

"Una vez más el pueblo pidió ayuda a Aquel a quien había abandonado e insultado. 'Y los hijos de Israel clamaron a Jehová, diciendo: Nosotros hemos pecado contra ti; porque hemos dejado a nuestro Dios, y servido a los Baales'. Jueces 10:10-16. Pero el pesar no había obrado en ellos un arrepentimiento verdadero. El pueblo se lamentaba porque sus pecados le había traído sufrimientos, y no por haber deshonrado a Dios y violado su santa ley. El verdadero arrepentimiento es algo más que sentir pesar por el pecado. Consiste en apartarse decididamente del mal" (*Patriarcas y Profetas*, pág. 539).

VIERNES

6. Habiéndolos ya liberado de la opresión de varias naciones, ¿qué respondió el Señor cuando le pidieron que los librara de los filisteos y amonitas?

📖 Jueces 10:13-14 "Mas vosotros me habéis dejado, y habéis servido a dioses ajenos; por tanto, yo no os libraré más. ¹⁴Andad y clamad a los dioses que os habéis elegido; que os libren ellos en el tiempo de vuestra aflicción".

94 LECCIONES DE ESCUELA SABÁTICA - PRIMER SEMESTRE 2025

"Estas palabras solemnes y temibles dirigen el pensamiento hacia otra escena: la del gran día del juicio final, cuando los que rechazaron la misericordia de Dios y menospreciaron su gracia serán puestos frente a su justicia. En aquel tribunal, los que dedicaron al servicio de los dioses de este mundo los talentos que Dios les dio, deberán rendir cuenta del empleo de su tiempo, sus recursos y su intelecto. Abandonaron a su verdadero y tierno Amigo, para seguir el sendero de la conveniencia y del placer mundano. Se proponían volver a Dios alguna vez; pero el mundo, con sus locuras y engaños, absorbió su atención. Las diversiones frívolas, el orgullo de los atavíos y la satisfacción de los apetitos endurecieron su corazón y embotaron su conciencia, de tal manera que ya no oyeron la voz de la verdad. Menospreciaron el deber. Tuvieron en poco las cosas de valor infinito, hasta que desapareció de su corazón todo deseo de hacer sacrificios por Aquel que tanto dio para el hombre. Pero en el tiempo de la siega cosecharán lo que sembraron" (*Patriarcas y Profetas*, pág. 539).

SÁBADO

SÚPLICA Y REFORMA

7. Al encontrarse en gran dificultad, ¿qué preguntó Israel una vez más? ¿Qué reforma tuvo lugar aunque no fue un juez en particular quien la impulsó?

Jueces 10:15-16 "Y los hijos de Israel respondieron a Jehová: Hemos pecado; haz tú con nosotros como bien te parezca; solo te rogamos que nos libres en este día. ¹⁶Y quitaron de entre sí los dioses ajenos, y sirvieron a Jehová; y él fue angustiado a causa de la aflicción de Israel".

"¡Oh! ¡cuán longánime es la misericordia de nuestro Dios! Cuando su pueblo se apartó de los pecados que le habían privado de la presencia de Dios, él oyó sus oraciones y en seguida comenzó a obrar en su favor" (*Patriarcas y Profetas*, pág. 540).

"Los que piensan en el resultado de apresurar o impedir la proclamación del evangelio, lo hacen con relación a sí mismos y al mundo; pocos lo hacen con relación a Dios. Pocos piensan en el sufrimiento que el pecado causó a nuestro Creador. Todo el cielo sufrió con la agonía de Cristo; pero ese sufrimiento no empezó ni terminó cuando se manifestó en el seno de la humanidad. La cruz es, para nuestros sentidos entorpecidos, una revelación del dolor que, desde su comienzo, produjo el pecado en el corazón de Dios. Le causan pena toda desviación de la justicia, todo acto de crueldad, todo fracaso de la humanidad en cuanto a alcanzar su ideal. Se dice que cuando sobrevinieron a Israel las calamidades que eran el seguro resultado de la separación de Dios: sojuzgamiento a sus enemigos, crueldad y muerte, Dios 'fue angustiado a causa de la aflicción de Israel'. 'En toda angustia de ellos él fue angustiado. [...] Y los levantó todos los días de la antigüedad'" (*La Educación*, pág. 238).

 ESTUDIO ADICIONAL

"La confesión no será aceptable ante Dios sin un arrepentimiento y reforma sinceros. Han de haber cambios decididos en la vida; todo lo que ofende a Dios ha de ser puesto a un lado. Este será el resultado de una tristeza genuina por el pecado. Pablo, refiriéndose a la obra del arrepentimiento dice: 'Porque he aquí, esto mismo de que hayáis sido contristados según Dios, ¡qué solicitud produjo en vosotros, qué defensa, qué indignación, qué temor, qué ardiente afecto, qué celo, y qué vindicación! En todo os habéis mostrado limpios en el asunto'. 2 Corintios 7:11" (*Testimonios para la Iglesia*, tomo 5, pág. 602).

LECCIÓN 13

DIOS USÓ A JEFTÉ PARA LIBERAR A ISRAEL

Sábado 29 de marzo, 2025

"Por la fe Rahab la ramera no pereció juntamente con los desobedientes, habiendo recibido a los espías en paz. ¿Y qué más digo? Porque el tiempo me faltaría contando de Gedeón, de Barac, de Sansón, de Jefté, de David, así como de Samuel y de los profetas; que por fe conquistaron reinos, hicieron justicia, alcanzaron promesas, taparon bocas de leones, apagaron fuegos impetuosos, evitaron filo de espada, sacaron fuerzas de debilidad, se hicieron fuertes en batallas, pusieron en fuga ejércitos extranjeros" Hebreos 11:31-34

DOMINGO

MALTRATADO EN SU PROPIA FAMILIA

1 ¿Qué se registra en las Escrituras sobre los antecedentes de Jefté y la forma en que fue tratado por sus hermanos?

_____
_____

 Jueces 11:1-3 *"Jefté galaadita era esforzado y valeroso; era hijo de una mujer ramera, y el padre de Jefté era Galaad. ²Pero la mujer de Galaad le dio hijos, los cuales, cuando crecieron, echaron fuera a Jefté, diciéndole: No heredarás en la casa de nuestro padre, porque eres hijo de otra mujer. ³Huyó, pues, Jef-*

LA OBRA DE DIOS A TRAVÉS DE LOS JUECES   97

té de sus hermanos, y habitó en tierra de Tob; y se juntaron con él hombres ociosos, los cuales salían con él".

"Es frecuente que los siervos perseverantes de Dios sufran las persecuciones más amargas de los falsos maestros de la religión. Pero los verdaderos profetas siempre preferirán el rechazo, e incluso la muerte, antes que mostrarse infieles a Dios. El Ojo Infinito está fijado en los instrumentos de represión divina, los cuales llevan una pesada carga de responsabilidad. Pero Dios contempla las injurias que se les infligen mediante la mistificación, la falsedad o el abuso como si fueran practicados con él mismo y las castigará de acuerdo con esa gravedad" (*Testimonios para la Iglesia*, tomo 4, pág.167).

LUNES

2. ¿Qué enemigos fueron a la guerra contra Israel? ¿A quién acudieron los israelitas para encontrar una salida a este terrible problema?

_____
_____
_____

📖 Jueces 11:4-7 "*Aconteció andando el tiempo, que los hijos de Amón hicieron guerra contra Israel. ⁵Y cuando los hijos de Amón hicieron guerra contra Israel, los ancianos de Galaad fueron a traer a Jefté de la tierra de Tob; ⁶y dijeron a Jefté: Ven, y serás nuestro jefe, para que peleemos contra los hijos de Amón. ⁷Jefté respondió a los ancianos de Galaad: ¿No me aborrecisteis vosotros, y me echasteis de la casa de mi padre? ¿Por qué, pues, venís ahora a mí cuando estáis en aflicción?*".

"Satanás se deleita en la guerra, que despierta las más viles pasiones del alma, y arroja luego a sus víctimas, sumidas en el vicio y en la sangre, a la eternidad. Su objeto consiste en hostigar a las naciones a hacerse mutuamente la guerra; pues de este modo puede distraer los espíritus de los hombres de la obra de preparación necesaria para subsistir en el día del Señor" (*El Conflicto de los Siglos*, pág. 575).

MARTES

JEFTÉ LLAMADO A LIDERAR

3. Como resultado del acuerdo que se hizo, ¿en qué posición se encontraba Jefté?

_____
_____
_____
_____

> Jueces 11:8-11 "Y los ancianos de Galaad respondieron a Jefté: Por esta misma causa volvemos ahora a ti, para que vengas con nosotros y pelees contra los hijos de Amón, y seas caudillo de todos los que moramos en Galaad. ⁹Jefté entonces dijo a los ancianos de Galaad: Si me hacéis volver para que pelee contra los hijos de Amón, y Jehová los entregare delante de mí, ¿seré yo vuestro caudillo? ¹⁰Y los ancianos de Galaad respondieron a Jefté: Jehová sea testigo entre nosotros, si no hiciéremos como tú dices. ¹¹Entonces Jefté vino con los ancianos de Galaad, y el pueblo lo eligió por su caudillo y jefe; y Jefté habló todas sus palabras delante de Jehová en Mizpa".

"Los israelitas se humillaron entonces ante el Señor. 'Y quitaron, pues, de en medio de ellos los dioses ajenos y sirvieron a Jehová'. Y el corazón amoroso del Señor se acongojó, 'su alma fue angustiada a causa del trabajo de Israel'. ¡Oh! ¡cuán longánime es la misericordia de nuestro Dios! Cuando su pueblo se apartó de los pecados que le habían privado de la presencia de Dios, él oyó sus oraciones y en seguida comenzó a obrar en su favor.

"Le suscitó un libertador en la persona de Jefté el galaadita, quien hizo guerra contra los amonitas, y quebrantó eficazmente su poder. Durante dieciocho años, Israel había sufrido bajo la opresión de sus enemigos, y sin embargo volvió a olvidar la lección enseñada por los padecimientos" (*Patriarcas y Profetas*, pág. 540).

MIÉRCOLES

4. ¿Qué argumentos convincentes presentó Jefté por escrito para persuadir al rey de los amonitas de no atacar a Israel?

_____
_____
_____
_____

Jueces 11:12, 26-28 "Y envió Jefté mensajeros al rey de los amonitas, diciendo: ¿Qué tienes tú conmigo, que has venido a mí para hacer guerra contra mi tierra? ... 26Cuando Israel ha estado habitando por trescientos años a Hesbón y sus aldeas, a Aroer y sus aldeas, y todas las ciudades que están en el territorio de Arnón, ¿por qué no las habéis recobrado en ese tiempo? 27Así que, yo nada he pecado contra ti, mas tú haces mal conmigo peleando contra mí. Jehová, que es el juez, juzgue hoy entre los hijos de Israel y los hijos de Amón. 28Mas el rey de los hijos de Amón no atendió a las razones que Jefté le envió".

"Se han comprendido puntos difíciles de la verdad presente por los fervientes esfuerzos de unos pocos que se dedicaron a la obra. El ayuno y la ferviente oración a Dios han movido al Señor a abrir el entendimiento de ellos sus tesoros de verdad. Han tenido que enfrentar a arteros opositores y a jactanciosos Goliats, a veces cara a cara, pero con más frecuencia con la pluma. Satanás ha incitado a los hombres a ejercer una fiera oposición, a enceguecer la vista y oscurecer la comprensión de la gente. Los pocos que sentían un genuino interés por la causa de Dios se levantaron a su defensa. No buscaron su comodidad, sino que estaban dispuestos a arriesgar aun su vida en favor de la verdad" (_Testimonios para la Iglesia_, tomo 2, pág. 574).

JUEVES

CONFLICTO Y VICTORIA

5. ¿Qué les pasó a los amonitas cuando se negaron a aceptar el mensaje de paz de Jefté?

 Jueces 11:32-33 "Y fue Jefté hacia los hijos de Amón para pelear contra ellos; y Jehová los entregó en su mano. 33Y desde Aroer hasta llegar a Minit, veinte ciudades, y hasta la vega de las viñas, los derrotó con muy grande estrago. Así fueron sometidos los amonitas por los hijos de Israel".

_____
_____
_____

"Dios es lento para la ira. Dio un tiempo de gracia a las naciones impías para que pudieran llegar a familiarizarse con él y su carácter. De acuerdo con la luz dada fue su condenación, porque rehusaron recibir la luz y eligieron sus propios caminos antes que los caminos de Dios. Dios dio la razón por la cual no desposeyó inmediatamente a los cananeos. No se había colmado la iniquidad de los amorreos. Debido a su iniquidad, gradualmente se estaban colocando en el punto en que no podría actuar más la tolerancia de Dios, y serían exterminados. Hasta que no se llegara a este punto y se colmara su iniquidad, se pospondría la venganza de Dios. Todas las naciones tuvieron un período de tiempo de gracia. Las que invalidaron la ley de Dios se hundieron más y más en la impiedad. Los hijos heredaron el espíritu rebelde de sus padres y se portaron peor que ellos, hasta que los alcanzó la ira de Dios. El castigo no fue menor por haber sido postergado" (*Manuscrito* 58, 1900).

VIERNES

6. ¿Qué promesa hizo Jefté antes de la batalla victoriosa contra los amonitas?

_____
_____
_____
_____
_____

➤ **Deuteronomio 23:21-23** "Cuando haces voto a Jehová tu Dios, no tardes en pagarlo; porque ciertamente lo demandará Jehová tu Dios de ti, y sería pecado en ti. ²²Mas cuando te abstengas de prometer, no habrá en ti pecado. ²³Pero lo que hubiere salido de tus labios, lo guardarás y lo cumplirás, conforme lo prometiste a Jehová tu Dios, pagando la ofrenda voluntaria que prometiste con tu boca".

➤ **Jueces 11:29-31** "Y el Espíritu de Jehová vino sobre Jefté; y pasó por Galaad y Manasés, y de allí pasó a Mizpa de Galaad, y de Mizpa de Galaad pasó a los hijos de Amón. ³⁰Y Jefté hizo voto a Jehová, diciendo: Si entregares a los amonitas en mis manos, ³¹cualquiera que saliere de las puertas de mi casa a recibirme, cuando regrese victorioso de los amonitas, será de Jehová, y lo ofreceré en holocausto".

➤ **Eclesiastés 5:4-6** "Cuando a Dios haces promesa, no tardes en cumplirla; porque él no se complace en los insensatos. Cumple lo que prometes. ⁵Mejor es que no prometas, y no que prometas y no cumplas. ⁶No dejes que tu boca te haga pecar, ni digas delante del ángel, que fue ignorancia. ¿Por qué harás que Dios se enoje a causa de tu voz, y que destruya la obra de tus manos?".

"Una promesa así hecha a los hombres, ¿sería considerada ineludible? ¿No son más sagradas e ineludibles las promesas hechas a Dios? ¿Son las que juzga el tribunal de la conciencia menos válidas que los contratos hechos con los hombres?" (*Testimonios para la Iglesia*, tomo 5, pág. 139).

SÁBADO

7. Cuando Jefté regresó de la guerra con los amonitas, ¿quién fue el primero en saludarlo y felicitarlo por la victoria que el Señor le había dado? ¿Cuál fue la respuesta de su hija cuando se enteró del voto de su padre?

_____

_____

_____

Jueces 11:34-36, 39 "*Entonces volvió Jefté a Mizpa, a su casa; y he aquí su hija que salía a recibirle con panderos y danzas, y ella era sola, su hija única; no tenía fuera de ella hijo ni hija. ³⁵Y cuando él la vio, rompió sus vestidos, diciendo: ¡Ay, hija mía! en verdad me has abatido, y tú misma has venido a ser causa de mi dolor; porque le he dado palabra a Jehová, y no podré retractarme. ³⁶Ella entonces le respondió: Padre mío, si le has dado palabra a Jehová, haz de mí conforme a lo que prometiste, ya que Jehová ha hecho venganza en tus enemigos los hijos de Amón. ³⁹Pasados los dos meses volvió a su padre, quien hizo de ella conforme al voto que había hecho. Y ella nunca conoció varón*".

ESTUDIO ADICIONAL

"A menudo sus propios pecados los habían entregado al poder de sus enemigos, pero tan pronto como ellos se apartaban de sus caminos impíos, la misericordia de Dios les suscitaba un libertador. El Señor envió a Gedeón y a Barac, Jephté, y a Samuel, y os libró de mano de vuestros enemigos alrededor, y habitasteis seguros'" (*Patriarcas y Profetas*, pág. 667).

LECCIÓN 14

JEFTÉ, IBZÁN, ELÓN Y ABDÓN

Sábado 5 de abril, 2025

"*... se requiere de los administradores, que cada uno sea hallado fiel*" 1 Corintios 4:2

"De acuerdo con las condiciones en que se funda nuestra mayordomía, tenemos obligaciones, no solo con Dios, sino con los hombres. Todo ser humano está en deuda con el amor infinito del Redentor por los dones de la vida. El alimento, el vestido, el abrigo, el cuerpo, la mente y el alma, todo ha sido comprado con su sangre. Y por la deuda de gratitud y servicio que nos ha impuesto, Cristo nos ha ligado a nuestros semejantes. Nos ordena: 'Servíos por amor los unos a los otros'. 'En cuanto lo hicisteis a uno de estos mis hermanos más pequeños, a mí lo hicisteis'" (*La Educación*, pág. 124).

DOMINGO

CONFLICTO ENTRE JEFTÉ Y EFRAÍN

1 ¿Qué pregunta llena de sospechas y amenazas le hicieron los hombres de Efraín a Jefté?

Jueces 12:1 "*Entonces se reunieron los varones de Efraín, y pasaron hacia el norte, y dijeron a Jefté: ¿Por qué fuiste a hacer guerra contra los hijos de Amón, y no nos llamaste para que fuéramos contigo? Nosotros quemaremos tu casa contigo*".

_____

_____

"El prejuicio y la incredulidad surgieron en el corazón de Natanael, pero Felipe no trató de combatirlos. Dijo: 'Ven y ve. Jesús vió venir a sí a Natanael, y dijo de él: He aquí un verdadero israelita, en el cual no hay engaño. Dícele Natanael: ¿De dónde me conoces? Respondió Jesús, y díjole: Antes que Felipe te llamara, cuando estabas debajo de la higuera, te vi. Respondió Natanael, y díjole: Rabbí, tú eres el Hijo de Dios; tú eres el Rey de Israel.'... Dios nunca honra la incredulidad, la desconfianza y la duda. Cuando él habla, su palabra debe ser reconocida y puesta en práctica en las acciones diarias. Y si el corazón del hombre está en viva relación con Dios, se conocerá la voz que viene de lo alto" (*Consejos Sobre la Obra de la Escuela Sabática*, págs. 27-28).

LUNES

2 ¿Cómo respondió a las amenazas de los hombres?

Jueces 12:2-3 "Y Jefté les respondió: Yo y mi pueblo teníamos una gran contienda con los hijos de Amón, y os llamé, y no me defendisteis de su mano. ³Viendo, pues, que no me defendíais, arriesgué mi vida, y pasé contra los hijos de Amón, y Jehová me los entregó; ¿por qué, pues, habéis subido hoy contra mí para pelear conmigo?".

"La flexibilidad en las medidas, las respuestas amables y las palabras cariñosas son mejores para reformar y salvar que la severidad y la rudeza. El más pequeño exceso de brusquedad puede alejar a las personas, mientras que una actitud conciliadora sería el mejor medio de acercarlas para que pueda ponerlas en el buen camino. Debería estar movida por un espíritu de perdón y dar el crédito debido a los buenos propósitos y acciones de aquellos que la rodean. Diga palabras de elogio a su esposo, a su hijo, a su hermana y a todas las personas con quien se relacione. La censura continua marchita y oscurece la vida de cualquiera" (*Testimonios para la Iglesia*, tomo 4, pág. 68).

MARTES

3. ¿Qué desafortunada disputa surgió entre las dos partes? ¿Hasta dónde llegaron en ese ambiente de alta tensión, a pesar que eran familiares y miembros de dos tribus de Israel?

_____
_____

📖 Jueces 12:4-6 *"Entonces reunió Jefté a todos los varones de Galaad, y peleó contra Efraín; y los de Galaad derrotaron a Efraín, porque habían dicho: Vosotros sois fugitivos de Efraín, vosotros los galaaditas, en medio de Efraín y de Manasés. ⁵Y los galaaditas tomaron los vados del Jordán a los de Efraín; y aconteció que cuando decían los fugitivos de Efraín: Quiero pasar, los de Galaad les preguntaban: ¿Eres tú efrateo? Si él respondía: No, ⁶entonces le decían: Ahora, pues, di Shibolet. Y él decía Sibolet; porque no podía pronunciarlo correctamente. Entonces le echaban mano, y le degollaban junto a los vados del Jordán. Y murieron entonces de los de Efraín cuarenta y dos mil".*

"Es imposible que alguien llegue a ser un verdadero seguidor de Cristo sin hacer distinción entre él y la masa mundana de incrédulos. Si el mundo aceptara a Jesús, entonces no habría espada de disensión, porque todos serían discípulos de Cristo y estarían en comunión unos con otros, y su unidad no sería quebrantada. Pero ése no es el caso. Aquí y allá un miembro individual de una familia es fiel a las convicciones de su conciencia, y es obligado a permanecer solo. ... La línea demarcatoria se traza distintamente. Uno se coloca sobre la Palabra de Dios, los otros sobre las tradiciones y los dichos de los hombres. ...

"La paz que Cristo les dió a sus discípulos, y por la cual oró, es la paz que nace de la verdad, una paz que no se termina a causa de la división. Afuera puede haber guerra y luchas, celos, envidias, odios y dificultades; pero la paz de Cristo no es una paz que el mundo pueda dar o quitar" (*Nuestra Elevada Vocación*, pág. 330).

MIÉRCOLES

4. En total, ¿durante cuántos años juzgó Jefté a Israel?

> Jueces 12:7 *"Y Jefté juzgó a Israel seis años; y murió Jefté galaadita, y fue sepultado en una de las ciudades de Galaad".*

"No podemos sino prever nuevas perplejidades en el conflicto venidero, pero podemos mirar hacia lo pasado tanto como hacia lo futuro, y decir: '¡Hasta aquí nos ha ayudado Jehová!' 'Según tus días, serán tus fuerzas.' La prueba no excederá a la fuerza que se nos dé para soportarla. Sigamos, por lo tanto, con nuestro trabajo dondequiera que lo hallemos, sabiendo que para cualquier cosa que venga, El nos dará fuerza proporcional a la prueba" (*El Camino a Cristo*, pág. 125).

JUEVES

IBZÁN JUZGÓ A ISRAEL

5. ¿Qué registra la Biblia sobre el juez o líder Ibzán?

> Jueces 12:8-10 *"Después de él juzgó a Israel Ibzán de Belén, ⁹el cual tuvo treinta hijos y treinta hijas, las cuales casó fuera, y tomó de fuera treinta hijas para sus hijos; y juzgó a Israel siete años. ¹⁰Y murió Ibzán, y fue sepultado en Belén".*

"Somos mayordomos a quienes nuestro Señor ausente ha encomendado el cuidado de su familia de fe y sus intereses, que él vino a esta tierra a atender. Ha regresado al cielo, dejándonos a nosotros a cargo, y espera que velemos y esperemos por su venida. Seamos fieles a nuestro cometido para que cuando venga de repente, no nos halle durmiendo" (*Testimonios para la Iglesia*, tomo 8, pág. 44).

VIERNES

ELÓN DE ZABULÓN

6. Aunque las Escrituras no enumeran ningún logro especial del juez Elon, ¿qué información se proporciona?

 Jueces 12:11-12 *"Después de él juzgó a Israel Elón zabulonita, el cual juzgó a Israel diez años. ¹²Y murió Elón zabulonita, y fue sepultado en Ajalón en la tierra de Zabulón".*

"Estamos viviendo durante las escenas finales de la historia de esta tierra. La profecía se cumple rápidamente. El tiempo de prueba está pasando velozmente. No tenemos tiempo que perder, ni un solo momento. Nadie debe encontrarnos durmiendo en nuestro puesto. Nadie debe decir en su corazón o por medio de sus obras: 'Mi Señor tarda en venir'. Resuene en fervientes palabras de amonestación el mensaje del pronto retorno de Cristo. Persuadamos a hombres y mujeres por doquier que se arrepientan y huyan de la ira venidera. Instémoslos a prepararse inmediatamente... Salgan predicadores y miembros laicos a los campos maduros" (*Maranata: El Señor Viene*, pág. 109).

SÁBADO

ABDÓN, OTRO JUEZ EN ISRAEL

7. ¿Cuántos años gobernó este prolífico juez?

 Jueces 12:13-15 *"Después de él juzgó a Israel Abdón hijo de Hilel, piratonita. ¹⁴Este tuvo cuarenta hijos y treinta nietos, que cabalgaban sobre setenta asnos; y juzgó a Israel ocho años. ¹⁵Y murió Abdón hijo de Hilel piratonita, y fue sepultado en Piratón, en la tierra de Efraín, en el monte de Amalec".*

"El Señor dice a los habitantes de la tierra: 'Escogeos hoy a quién sirváis'. Todos están decidiendo ahora su destino eterno. Los hombres necesitan que se les haga comprender la solemnidad de la hora, la cercanía del día cuando terminará el tiempo de prueba. Dios no le da a nadie el mensaje de que pasarán cinco, diez o veinte años antes que termine la historia de esta tierra. No quiere dar excusa a ningún ser viviente para demorar la preparación para su advenimiento. No quiere que nadie diga, como el siervo infiel: 'Mi Señor tarda en venir', pues esto conduce al temerario descuido de las oportunidades y los privilegios que se nos dan a fin de que nos preparemos para ese gran día. Todo aquel que pretende ser siervo de Dios, está llamado a prestar servicio como si cada día fuera el último" (*Maranata: El Señor Viene*, pág. 111).

ESTUDIO ADICIONAL

"No se debe considerar una cuestión de poca monta el poseer la luz de la verdad presente, y sin embargo no comprometerse en su difusión. No es una cosa trivial decir por la actitud y el modo de sentir, aun cuando ese modo de sentir no se exprese en palabras: 'Mi Señor se tarda en venir'... Debemos proclamar la verdad, debemos hacer brillar nuestra luz en forma definida para que las almas no tropiecen y caigan porque nuestra luz ha estado apagada" (*A Fin de Conocerle*, pág. 215).

LECCIÓN 15

EL NACIMIENTO MILAGROSO DE SANSÓN

Sábado 12 de abril, 2025

"Se me mostró que cuando Dios enviaba a sus ángeles en tiempos pasados a ministrar o a comunicarse con ciertas personas, y éstas comprendían que habían visto a un ángel y hablado con él, experimentaban una gran reverencia y pensaban que morirían. Poseían un concepto tan exaltado de la terrible majestad y poder de Dios, que pensaban que serían destruidos al ponerse en estrecho contacto con un ser que procedía directamente de la presencia divina. Se me refirió a (Jueces 13:21-22): 'Entonces conoció Manoa que era el ángel de Jehová. Y dijo Manoa a su mujer: Ciertamente moriremos, porque a Dios hemos visto'. (Jueces 6:22-23): 'Viendo entonces Gedeón que era el ángel de Jehová, dijo: Ah, Señor Jehová, que he visto al ángel de Jehová cara a cara. Pero Jehová le dijo: Paz a ti; no tengas temor, no morirás'" (*Testimonios para la Iglesia*, tomo 1, pág. 363).

 **DOMINGO**

1 ¿En qué situación se encontraba nuevamente el pueblo de Israel después de muchas experiencias?

Jueces 13:1 *"Los hijos de Israel volvieron a hacer lo malo ante los ojos de Jehová; y Jehová los entregó en mano de los filisteos por cuarenta años".*

"En medio de la apostasía reinante, los fieles adoradores de Dios continuaban implorándole que libertara a Israel. Aunque aparentemente sus súplicas no recibían respuestas, aunque año tras año el poder del opresor se iba agravando sobre la tierra, la providencia de Dios preparaba un auxilio para ellos. Ya en los primeros años de la opresión filistea nació un niño por medio del cual Dios quería humillar el poderío de esos enemigos poderosos" (*Patriarcas y Profetas*, pág. 543).

LUNES

APARICIÓN DEL ÁNGEL DE JEHOVÁ

2. Mientras el pueblo estaba en estas terribles condiciones, ¿quién se apareció a una mujer sin hijos? ¿Qué mensaje gozoso le dio?

Jueces 13:2-3 *"Y había un hombre de Zora, de la tribu de Dan, el cual se llamaba Manoa; y su mujer era estéril, y nunca había tenido hijos. ³A esta mujer apareció el ángel de Jehová, y le dijo: He aquí que tú eres estéril, y nunca has tenido hijos; pero concebirás y darás a luz un hijo".*

"En el límite de la región montañosa que dominaba las llanuras filisteas, estaba la pequeña ciudad de Sora. Allí moraba la familia de Manoa, de la tribu de Dan, una de las pocas casas que, en medio de la deslealtad que prevalecía, habían permanecido fieles a Dios. A la mujer estéril de Manoa se le apareció 'el ángel del Señor' y le comunicó que tendría un hijo, por medio del cual Dios comenzaría a libertar a Israel. En vista de esto, el ángel le dio instrucciones especiales con respecto a sus propios hábitos y al trato que debía dar a su hijo: 'Ahora, pues, no bebas vino, ni sidra, ni comas cosa inmunda'. Véase Jueces 13-16. Y la misma prohibición debía imponerse desde un principio al niño, al que, además, no se le había de cortar el pelo; pues debía ser consagrado a Dios como nazareo desde su nacimiento" (*Patriarcas y Profetas*, pág. 543).

MARTES

3. ¿Qué clase de persona dijo el Ángel que sería su hijo? ¿Qué instrucciones precisas le dio a la mujer?

_____

_____

_____

Jueces 13:4-7 "Ahora, pues, no bebas vino ni sidra, ni comas cosa inmunda. ⁵Pues he aquí que concebirás y darás a luz un hijo; y navaja no pasará sobre su cabeza, porque el niño será nazareo a Dios desde su nacimiento, y él comenzará a salvar a Israel de mano de los filisteos. ⁶Y la mujer vino y se lo contó a su marido, diciendo: Un varón de Dios vino a mí, cuyo aspecto era como el aspecto de un ángel de Dios, temible en gran manera; y no le pregunté de dónde ni quién era, ni tampoco él me dijo su nombre. ⁷Y me dijo: He aquí que tú concebirás, y darás a luz un hijo; por tanto, ahora no bebas vino, ni sidra, ni comas cosa inmunda, porque este niño será nazareo a Dios desde su nacimiento hasta el día de su muerte".

"Fué Cristo quien dió en el Antiguo Testamento la advertencia a Israel: 'El vino es escarnecedor, la cerveza alborotadora; y cualquiera que por ello errare, no será sabio.' Y él mismo no proveyó bebida tal. Satanás tienta a los hombres a ser intemperantes para que se enturbie su razón y se emboten sus percepciones espirituales, pero Cristo nos enseña a mantener sujeta la naturaleza inferior. Toda su vida fué un ejemplo de renunciamiento propio. A fin de dominar el poder del apetito, sufrió en nuestro favor la prueba más severa que la humanidad pudiese soportar. Cristo fué quien indicó que Juan el Bautista no debía beber ni vino ni bebida alcohólica. El fué quien ordenó abstinencia similar a la esposa de Manoa. Y él pronunció una maldición sobre el hombre que ofreciese la copa a los labios de su prójimo. Cristo no contradice su propia enseñanza" (*El Deseado de Todas las Gentes*, pág. 123).

MIÉRCOLES

LA EDUCACIÓN DEL NIÑO

4 Al darse cuenta que este nacimiento sería un verdadero milagro, ¿cuál fue el primer interés de Manoa con respecto a su hijo?

_____

_____

📎 Jueces 13:8-14 "Entonces oró Manoa a Jehová, y dijo: Ah, Señor mío, yo te ruego que aquel varón de Dios que enviaste, vuelva ahora a venir a nosotros, y nos enseñe lo que hayamos de hacer con el niño que ha de nacer. ⁹Y Dios oyó la voz de Manoa; y el ángel de Dios volvió otra vez a la mujer, estando ella en el campo; mas su marido Manoa no estaba con ella. ¹⁰Y la mujer corrió prontamente a avisarle a su marido, diciéndole: Mira que se me ha aparecido aquel varón que vino a mí el otro día. ¹¹Y se levantó Manoa, y siguió a su mujer; y vino al varón y le dijo: ¿Eres tú aquel varón que habló a la mujer? Y él dijo: Yo soy. ¹²Entonces Manoa dijo: Cuando tus palabras se cumplan, ¿cómo debe ser la manera de vivir del niño, y qué debemos hacer con él? ¹³Y el ángel de Jehová respondió a Manoa: La mujer se guardará de todas las cosas que yo le dije. ¹⁴No tomará nada que proceda de la vid; no beberá vino ni sidra, y no comerá cosa inmunda; guardará todo lo que le mandé".

"Dios tenía reservada una obra importante para el hijo prometido a Manoa, y a fin de asegurarle las cualidades indispensables para esta obra, debían reglamentarse cuidadosamente los hábitos tanto de la madre como del hijo. La orden del ángel para la mujer de Manoa fue: 'No beberá vino ni sidra, y no comerá cosa inmunda: guardará todo lo que le mande'. Los hábitos de la madre influirán en el niño para bien o para mal. Ella misma debe regirse por buenos principios y practicar la temperancia y la abnegación, si procura el bienestar de su hijo. Habrá malos consejeros que dirán a la madre que le es necesario satisfacer todo deseo e impulso; pero semejante enseñanza es falsa y perversa. La madre se halla por orden de Dios mismo bajo la obligación más solemne de ejercer dominio propio" (*Patriarcas y Profetas*, pág. 544).

JUEVES

5. ¿Qué evidencia adicional tenían Manoa y su esposa que el mensaje provenía del cielo?

_____

_____

➤ Jueces 13:15-20 "Entonces Manoa dijo al ángel de Jehová: Te ruego nos permitas detenerte, y te prepararemos un cabrito. ¹⁶Y el ángel de Jehová respondió a Manoa: Aunque me detengas, no comeré de tu pan; mas si quieres hacer holocausto, ofrécelo a Jehová. Y no sabía Manoa que aquel fuese ángel de Jehová. ¹⁷Entonces dijo Manoa al ángel de Jehová: ¿Cuál es tu nombre, para que cuando se cumpla tu palabra te honremos? ¹⁸Y el ángel de Jehová respondió: ¿Por qué preguntas por mi nombre, que es admirable? ¹⁹Y Manoa tomó un cabrito y una ofrenda, y los ofreció sobre una peña a Jehová; y el ángel hizo milagro ante los ojos de Manoa y de su mujer. ²⁰Porque aconteció que cuando la llama subía del altar hacia el cielo, el ángel de Jehová subió en la llama del altar ante los ojos de Manoa y de su mujer, los cuales se postraron en tierra".

"Tanto los padres como las madres están comprendidos en esta responsabilidad. Ambos padres transmiten a sus hijos sus propias características, mentales y físicas, su temperamento y sus apetitos. Con frecuencia, como resultado de la intemperancia de los padres, los hijos carecen de fuerza física y poder mental y moral. Los que beben alcohol y los que usan tabaco pueden transmitir a sus hijos sus deseos insaciables, su sangre inflamada y sus nervios irritables, y se los transmiten en efecto. Los licenciosos legan a menudo sus deseos pecaminosos, y aun enfermedades repugnantes, como herencia a su prole. Como los hijos tienen menos poder que sus padres para resistir la tentación, hay en cada generación tendencia a rebajarse más y más. Los padres son responsables, en alto grado, no solamente por las pasiones violentas y los apetitos pervertidos de sus hijos, sino también por las enfermedades de miles que nacen sordos, ciegos, debilitados o idiotas" (*Patriarcas y Profetas*, pág. 544).

VIERNES

6. ¿En qué se diferenciaban Manoa y su esposa en su comprensión de a quién habían visto?

Jueces 13:21-23 "Y el ángel de Jehová no volvió a aparecer a Manoa ni a su mujer. Entonces conoció Manoa que era el ángel de Jehová. ²²Y dijo Manoa a su mujer: Ciertamente moriremos, porque a Dios hemos visto. ²³Y su mujer le respondió: Si Jehová nos quisiera matar, no aceptaría de nuestras manos el holocausto y la ofrenda, ni nos hubiera mostrado todas estas cosas, ni ahora nos habría anunciado esto".

"Manoa y su esposa no sabían que Aquel que les hablaba era Jesucristo. Lo consideraron como el mensajero del Señor, pero no podían determinar si era un profeta o un ángel. Deseando ser hospitalarios con su huésped le suplicaron que se quedara mientras le preparaban un cabrito; pero ignorando quién era él en realidad, no sabían si ofrecerlo como holocausto o colocarlo delante de él como alimento" (*Signs of the Times*, 15 de septiembre de 1881).

SÁBADO

MOVIDO POR EL ESPÍRITU DE DIOS

7. Cuando todo se cumplió como estaba profetizado, ¿quién guiaba al niño?

Jueces 13:24-25 "Y la mujer dio a luz un hijo, y le puso por nombre Sansón. Y el niño creció, y Je-

LA OBRA DE DIOS A TRAVÉS DE LOS JUECES

hová lo bendijo. ²⁵Y el Espíritu de Jehová comenzó a manifestarse en él en los campamentos de Dan, entre Zora y Estaol".

"La promesa que Dios hizo a Manoa se cumplió a su debido tiempo con el nacimiento de un hijo, que fue llamado Sansón. A medida que el niño crecía, se hacía evidente que poseía extraordinaria fuerza física. Sin embargo, como bien lo sabían Sansón y sus padres, esta fuerza no dependía de sus firmes músculos, sino de su condición de nazareo, representada por su pelo largo" (*Patriarcas y Profetas*, pág. 545).

ESTUDIO ADICIONAL

"El que cultiva la sencillez en todos sus hábitos, reprimiendo el apetito y controlando las pasiones, puede preservar la fortaleza, la actividad y el vigor de sus facultades mentales. Estas estarán prontas para percibir cualquier cosa que demande pensamiento o acción, serán agudas para discriminar entre lo santo y lo impío, y estarán listas para ocuparse de todo lo que sea para la gloria de Dios y el beneficio de la humanidad" (*Signs of the Times*, 29 de septiembre de 1881).

LECCIÓN 16

LA FIESTA DE BODA DE SANSÓN

Sábado 19 de abril, 2025

"Si Sansón hubiera obedecido los mandamientos divinos tan fielmente como sus padres, su destino habría sido más noble y más feliz. Pero sus relaciones con los idólatras lo corrompieron. Como la ciudad de Sora estaba cerca de la región de los filisteos, Sansón trabó amistades entre ellos. Así se crearon en su juventud intimidades cuya influencia entenebreció toda su vida. Una joven que vivía en la ciudad filistea de Timnat-sera conquistó los afectos de Sansón, y él decidió hacerla su esposa. La única contestación que dio a sus padres temerosos de Dios, que trataban de disuadirle de su propósito, fue: 'Esta agradó a mis ojos'. Los padres cedieron por fin a sus deseos, y la boda se efectuó" (*Patriarcas y Profetas*, pág. 545).

DOMINGO

1. Después de asociarse con los filisteos, ¿qué deseo expresó Sansón a sus padres un día? ¿Qué hicieron?

> Jueces 14:1-3 *"Descendió Sansón a Timnat, y vio en Timnat a una mujer de las hijas de los filisteos. ²Y subió, y lo declaró a su padre y a su madre, diciendo: Yo he visto en Timnat una mujer de las hijas de los filisteos; os ruego que me la toméis por mujer. ³Y su padre y su madre*

LA OBRA DE DIOS A TRAVÉS DE LOS JUECES

le dijeron: ¿No hay mujer entre las hijas de tus hermanos, ni en todo nuestro pueblo, para que vayas tú a tomar mujer de los filisteos incircuncisos? Y Sansón respondió a su padre: Tómame esta por mujer, porque ella me agrada".

Deuteronomio 7:2-3 *"Y Jehová tu Dios las haya entregado delante de ti, y las hayas derrotado, las destruirás del todo; no harás con ellas alianza, ni tendrás de ellas misericordia. ³Y no emparentarás con ellas; no darás tu hija a su hijo, ni tomarás a su hija para tu hijo".*

"En su Palabra, el Señor ha instruido claramente a su pueblo para que no se una con los que no tienen el amor de Dios y su temor delante de sí. Tales cónyuges rara vez se contentarán con el amor y respeto que les corresponde en justicia. Constantemente procurarán obtener de la esposa o del esposo temerosos de Dios algún favor que implique un desprecio de los requerimientos divinos. Para un hombre piadoso, y para la iglesia a la que pertenece, una esposa mundana o un amigo mundano es un espía en el campamento que acechará cada oportunidad para traicionar al siervo de Cristo y exponerlo a los ataques del enemigo" (*Signs of the Times*, 27 de septiembre de 1910).

LUNES

OPORTUNIDAD ENTRE LOS FILISTEOS

2. **Mientras los filisteos gobernaban sobre Israel, ¿qué buscaba Sansón?**

Jueces 14:4 *"Mas su padre y su madre no sabían que esto venía de Jehová, porque él buscaba ocasión contra los filisteos; pues en aquel tiempo los filisteos dominaban sobre Israel".*

MARTES

SANSÓN SE ENFRENTÓ A UN LEÓN

3. ¿Qué ataque violento experimentó Sansón cuando se acercó a Timnat? ¿Cómo reveló el incidente el gran regalo que Dios le había dado?

_____

_____

📖 Jueces 14:5-7 "Y Sansón descendió con su padre y con su madre a Timnat; y cuando llegaron a las viñas de Timnat, he aquí un león joven que venía rugiendo hacia él. ⁶Y el Espíritu de Jehová vino sobre Sansón, quien despedazó al león como quien despedaza un cabrito, sin tener nada en su mano; y no declaró ni a su padre ni a su madre lo que había hecho. ⁷Descendió, pues, y habló a la mujer; y ella agradó a Sansón".

MIÉRCOLES

4. ¿Qué vio Sansón unos días después cuando pasó por el lugar donde yacía el cadáver del león?

_____

_____

📖 Jueces 14:8-9 "Y volviendo después de algunos días para tomarla, se apartó del camino para ver el cuerpo muerto del león; y he aquí que en el cuerpo del león había un enjambre de abejas, y un panal de miel. ⁹Y tomándolo en sus manos, se fue comiéndolo por el camino; y cuando alcanzó a su padre y a su madre, les dio también a ellos que comiesen; mas no les descubrió que había tomado aquella miel del cuerpo del león".

JUEVES

5. ¿Qué acertijo presentó Sansón a los filisteos para resolver? Después de tres días, ¿qué pasó?

📖 Jueces 14:10-14 "Vino, pues, su padre adonde estaba la mujer, y Sansón hizo allí banquete; porque así solían hacer los jóvenes. ¹¹Y aconteció que cuando ellos le

LA OBRA DE DIOS A TRAVÉS DE LOS JUECES 119

vieron, tomaron treinta compañeros para que estuviesen con él. ¹²Y Sansón les dijo: Yo os propondré ahora un enigma, y si en los siete días del banquete me lo declaráis y descifráis, yo os daré treinta vestidos de lino y treinta vestidos de fiesta. ¹³Mas si no me lo podéis declarar, entonces vosotros me daréis a mí los treinta vestidos de lino y los vestidos de fiesta. Y ellos respondieron: Propón tu enigma, y lo oiremos. ¹⁴Entonces les dijo: Del devorador salió comida, y del fuerte salió dulzura. Y ellos no pudieron declararle el enigma en tres días".

"En el festín de su boda Sansón se relacionó familiarmente con los que odiaban al Dios de Israel. Quienquiera que voluntariamente entabla semejantes relaciones se verá en la necesidad de amoldarse, hasta cierto grado, a los hábitos y costumbres de sus compañeros. Pasar el tiempo así es peor que malgastarlo. Se despiertan y fomentan pensamientos, y se pronuncian palabras, que tienden a quebrantar los baluartes de los buenos principios y a debilitar la ciudadela del alma" (*Patriarcas y Profetas*, pág. 546).

VIERNES

6. **No queriendo gastar la enorme suma en comprar tantas prendas de lino, ¿qué estratagema idearon los filisteos?**

Jueces 14:15-18 "Al séptimo día dijeron a la mujer de Sansón: Induce a tu marido a que nos declare este enigma, para que no te quememos a ti y a la casa de tu padre. ¿Nos habéis llamado aquí para despojarnos? ¹⁶Y lloró la mujer de Sansón en presencia de él, y dijo: Solamente me aborreces, y no me amas, pues no me declaras el enigma que propusiste a los hijos de mi pueblo. Y él respondió: He aquí que ni a mi padre ni a mi madre lo he declarado, ¿y te lo había de declarar a ti? ¹⁷Y ella lloró en presencia de él los siete días que ellos tuvieron banquete; mas al séptimo día él se lo declaró, porque le presionaba; y ella lo declaró a los hijos de su pueblo. ¹⁸Al séptimo día, antes que el sol se pusiese, los de la ciudad le dijeron: ¿Qué cosa más dulce que la miel? ¿Y qué cosa más fuerte que el león? Y él les respondió: Si no araseis con mi novilla, nunca hubierais descubierto mi enigma".

SÁBADO

TRAICIÓN CONTRA SU ESPOSA

7. ¿Qué hizo Sansón para obtener la ropa prometida en el acuerdo sobre el enigma? Por eso, ¿qué pasó después de la fiesta de boda cuando debería haber recibido a la mujer con la que se había casado?

Jueces 14:19-20 "Y el Espíritu de Jehová vino sobre él, y descendió a Ascalón y mató a treinta hombres de ellos; y tomando sus despojos, dio las mudas de vestidos a los que habían explicado el enigma; y encendido en enojo se volvió a la casa de su padre. ²⁰Y la mujer de Sansón fue dada a su compañero, al cual él había tratado como su amigo".

"La esposa, para obtener cuya mano Sansón había transgredido el mandamiento de Dios, traicionó a su marido antes de que hubiera terminado el banquete de bodas. Indignado por la perfidia de ella, Sansón la abandonó momentáneamente, y regresó solo a su casa de Sora. Cuando, después de aplacársele el enojo, volvió por su novia, la halló casada con otro. La venganza que él se tomó al devastar todos los campos y viñedos de los filisteos, los indujo a asesinarla, a pesar de que las amenazas de ellos le habían hecho cometer el engaño que dio principio a la dificultad. Sansón ya había dado pruebas de su fuerza maravillosa al matar solo y sin armas un leoncito, y al dar muerte a treinta de los hombres de Ascalón. Ahora airado por el bárbaro asesinato de su esposa, atacó a los filisteos 'y los hirió [...] con gran mortandad'. Y entonces, deseando encontrar un refugio seguro contra sus enemigos, se retiró a 'la cueva de la peña de Etam', en la tribu de Judá" (*Patriarcas y Profetas*, pág. 547).

NOTAS

 ESTUDIO ADICIONAL

"¡Cuántos hay que siguen el mismo camino que siguió Sansón! ¡Cuán a menudo se formalizan casamientos entre fieles e impíos, porque la inclinación domina en la elección de marido o mujer! Los contrayentes no piden consejo a Dios, ni procuran glorificarle. El cristianismo debiera tener una influencia dominadora sobre la relación matrimonial; pero con demasiada frecuencia los móviles que conducen a esta unión no se ajustan a los principios cristianos. Satanás está constantemente tratando de fortalecer su poderío sobre el pueblo de Dios induciéndolo a aliarse con sus súbditos; y para lograr esto, trata de despertar pasiones impuras en el corazón. Pero en su Palabra el Señor ha indicado clara y terminantemente a su pueblo que no se una con aquellos en cuyo corazón no mora su amor. '¿Qué concordia tiene Cristo con Belial? ¿o qué parte tiene el creyente con el incrédulo? ¿y qué acuerdo tiene el templo de Dios con los ídolos?' 2 Corintios 6:15, 16 (VM)" (*Patriarcas y Profetas*, pág. 606).

LECCIÓN 17

Sábado 26 de abril, 2025

Por favor lea el Informe Misionero de **CURAZAO** en la página 129

SANSÓN JUZGÓ A ISRAEL DURANTE VEINTE AÑOS

"Físicamente, fue Sansón el hombre más fuerte de la tierra; pero en lo que respecta al dominio de sí mismo, la integridad y la firmeza, fue uno de los más débiles. Muchos consideran erróneamente las pasiones fuertes como equivalentes de un carácter fuerte; pero lo cierto es que el que se deja dominar por sus pasiones es un hombre débil. La verdadera grandeza de un hombre se mide por el poder de las emociones que él domina, y no por las que le dominan a él" (*Conflicto y Valor*, pág. 132).

DOMINGO

1. ¿Qué amargas noticias recibió Sansón de su suegro cuando fue a visitar a su esposa?

_____
_____
_____

Jueces 15:1-2 "*Aconteció después de algún tiempo, que en los días de la siega del trigo Sansón visitó a su mujer con un cabrito, diciendo: Entraré a mi mujer en el aposento. Mas el padre de ella no lo dejó entrar. ²Y dijo el padre de ella: Me persuadí de que la aborrecías, y la di a tu compañero. Mas su hermana menor, ¿no es más hermosa que ella? Tómala, pues, en su lugar*".

📅 LUNES

2. ¿Cómo se vengó de los filisteos cuando supo que su suegro había entregado a su esposa a otra persona?

Jueces 15:3-5 *"Entonces le dijo Sansón: Sin culpa seré esta vez respecto de los filisteos, si mal les hiciere. ⁴Y fue Sansón y cazó trescientas zorras, y tomó teas, y juntó cola con cola, y puso una tea entre cada dos colas. ⁵Después, encendiendo las teas, soltó las zorras en los sembrados de los filisteos, y quemó las mieses amontonadas y en pie, viñas y olivares".*

_____
_____
_____
_____

📅 MARTES

REPRESALIAS CONTRA LOS FILISTEOS

3. ¿Qué traición cometieron los filisteos contra la esposa y el suegro de Sansón? ¿Cómo reaccionó Sansón ante lo que hicieron?

Jueces 15:6-8 *"Y dijeron los filisteos: ¿Quién hizo esto? Y les contestaron: Sansón, el yerno del timnateo, porque le quitó su mujer y la dio a su compañero. Y vinieron los filisteos y la quemaron a ella y a su padre. ⁷Entonces Sansón les dijo: Ya que así habéis hecho, juro que me vengaré de vosotros, y después desistiré. ⁸Y los hirió cadera y muslo con gran mortandad; y descendió y habitó en la cueva de la peña de Etam".*

_____
_____
_____
_____

"'La esposa, para obtener cuya mano Sansón había transgredido el mandamiento de Dios, traicionó a su marido antes de que hubiera terminado el banquete de bodas. Indignado por la perfidia de ella,

Sansón la abandonó momentáneamente, y regresó solo a su casa de Sora. Cuando, después de aplacársele el enojo, volvió por su novia, la halló casada con otro. La venganza que él se tomó al devastar todos los campos y viñedos de los filisteos, los indujo a asesinarla, a pesar de que las amenazas de ellos le habían hecho cometer el engaño que dio principio a la dificultad. Sansón ya había dado pruebas de su fuerza maravillosa al matar solo y sin armas un leoncito, y al dar muerte a treinta de los hombres de Ascalón. Ahora airado por el bárbaro asesinato de su esposa, atacó a los filisteos y 'los hirió [...] con gran mortandad'. Y entonces, deseando encontrar un refugio seguro contra sus enemigos, se retiró a 'la cueva de la peña de Etam', en la tribu de Judá" (*Patriarcas y Profetas*, pág. 547).

MIÉRCOLES

4. ¿Cuál fue el siguiente paso de los filisteos? ¿Dónde acamparon en un intento de capturar a Sansón?

📖 Jueces 15:9-10 *Entonces los filisteos subieron y acamparon en Judá, y se extendieron por Lehi. ¹⁰Y los varones de Judá les dijeron: ¿Por qué habéis subido contra nosotros? Y ellos respondieron: A prender a Sansón hemos subido, para hacerle como él nos ha hecho".*

JUEVES

INTERVENCIÓN DE LOS HOMBRES DE JUDÁ

5. ¿Qué hicieron los hombres de Judá para evitar convertirse en el blanco de la ira de los filisteos por los ataques de Sansón?

📖 Jueces 15:11-13 *"Y vinieron tres mil hombres de Judá a la cueva de la peña de Etam, y dijeron a Sansón: ¿No sabes tú que los filisteos dominan sobre nosotros? ¿Por qué nos has hecho esto? Y él les respondió: Yo les he hecho como ellos me hicieron. ¹²Ellos entonces le di-*

jeron: Nosotros hemos venido para prenderte y entregarte en mano de los filisteos. Y Sansón les respondió: Juradme que vosotros no me mataréis. ¹³Y ellos le respondieron, diciendo: No; solamente te prenderemos, y te entregaremos en sus manos; mas no te mataremos. Entonces le ataron con dos cuerdas nuevas, y le hicieron venir de la peña".

"Miles de israelitas presenciaron la derrota de los filisteos a manos de Sansón, y sin embargo no se levantó ninguna voz de triunfo hasta que el héroe, ensoberbecido por su maravilloso éxito, celebró su propia victoria. Pero él se alabó a sí mismo en vez de atribuir la gloria a Dios. Tan pronto concluyó se le hizo recordar su debilidad mediante una intensísima y penosa sed. Había quedado exhausto por sus gigantescas hazañas y no había a mano recursos para suplir su necesidad. Comenzó a sentir su completa dependencia de Dios y a convencerse de que no había triunfado por su propio poder sino por la fortaleza del Omnipotente.

"Entonces alabó a Dios por su liberación, y elevó una ferviente oración en procura de alivio para su sufrimiento. El Señor escuchó su petición y le abrió un manantial de agua. Como muestra de su gratitud, Sansón puso a ese lugar el nombre de En-hacore, o 'la fuente del que clamó'" (*Signs of the Times*, 6 de octubre de 1881).

VIERNES

6. Cuando los filisteos ya clamaban victoria, ¿qué poder le dio Dios a Sansón? ¿Qué pasó con las cuerdas que lo ataban?

Jueces 15:14-17 "Y así que vino hasta Lehi, los filisteos salieron gritando a su encuentro; pero el Espíritu de Jehová vino sobre él, y las cuerdas que estaban en sus brazos se volvieron como lino quemado con fuego, y las ataduras se cayeron de sus manos. ¹⁵Y hallando una quijada de asno fresca aún, extendió la mano y la tomó, y mató con ella a mil hombres. ¹⁶Entonces Sansón dijo:

> Con la quijada de un asno, un montón, dos montones; Con la quijada de un asno maté a mil hombres. ¹⁷Y acabando de hablar, arrojó de su mano la quijada, y llamó a aquel lugar Ramat-lehi".

"Pero mientras sus gritos despertaban los ecos de las colinas, 'el espíritu de Jehová vino sobre él'. Hizo pedazos las cuerdas fuertes y nuevas como si hubieran sido lino quemado en el fuego. Luego, asiendo la primera arma que halló a mano y que, si bien era tan solo una quijada de asno, resultó más eficaz que una espada o una lanza, hirió a los filisteos hasta que huyeron aterrorizados, dejando mil muertos en el campo" (*Patriarcas y Profetas*, pág. 547).

SÁBADO
GRACIA DIVINA PARA SANSÓN

7. Después de la gran humillación de los filisteos, ¿qué milagro obró el Señor para aliviar la sed de Sansón? ¿Durante cuánto tiempo su liderazgo bendijo a Israel?

> Jueces 15:18-20 "Y teniendo gran sed, clamó luego a Jehová, y dijo: Tú has dado esta grande salvación por mano de tu siervo; ¿y moriré yo ahora de sed, y caeré en mano de los incircuncisos? ¹⁹Entonces abrió Dios la cuenca que hay en Lehi; y salió de allí agua, y él bebió, y recobró su espíritu, y se reanimó. Por esto llamó el nombre de aquel lugar, En-hacore, el cual está en Lehi, hasta hoy. ²⁰Y juzgó a Israel en los días de los filisteos veinte años".

"Si los israelitas hubieran estado dispuestos a unirse con Sansón, para llevar adelante la victoria, habrían podido librarse entonces del poder de sus opresores. Pero se habían desalentado y acobardado. Por pura negligencia habían dejado de hacer la obra que Dios les había mandado realizar, en cuanto a desposeer a los paganos, y se habían unido a ellos en sus prácticas degradantes. Toleraban su crueldad y su injusticia, siempre que no fuera dirigida contra ellos mismos. Cuando se los colocaba bajo el yugo del opresor se sometían mansamente a la degradación que habrían podido eludir si tan solo hubiesen obedecido a Dios. Aun cuando el Señor les suscitaba un libertador, con frecuencia lo abandonaban y se unían con sus enemigos.

"Después de su victoria, los israelitas hicieron juez a Sansón, y gobernó a Israel durante veinte años. Pero un mal paso prepara el camino para otro" (*Patriarcas y Profetas*, págs. 547-548).

 ESTUDIO ADICIONAL

"Precisamente cuando llegaba a la adultez, cuando debía cumplir su misión divina, el momento en que debió haber sido más fiel a Dios, Sansón se emparentó con los enemigos de Israel. No se preguntó si al unirse con el objeto de su elección podría glorificar mejor a Dios o si se estaba colocando en una posición que no le permitiría cumplir el propósito que debía alcanzar su vida. A todos los que tratan primero de honrarle a él, Dios les ha prometido sabiduría; pero no existe promesa para los que se obstinan en satisfacer sus propios deseos" (*Patriarcas y Profetas*, pág. 546).

INFORME MISIONERO DE
CURAZAO

La ofrenda especial de Escuela Sábatica se recogerá el sábado 3 de Mayo, 2025

La iglesia de Curazao saluda a los hermanos de todo el mundo con la palabra de Dios en Jeremías 26:2: "Así dice el Señor; ponte en el atrio de la casa de Jehová, y habla a todas las ciudades de Judá que vienen a adorar a la casa de Jehová, todas las palabras que yo te mando que les hables; No disminuyas ni una palabra".

Curazao es una isla semiárida en el Mar Caribe y un país dentro del Reino de los Países Bajos. Se encuentra a unas 37 millas (60 km) al norte de la costa de Venezuela. Aunque geográficamente forman parte de la plataforma continental sudamericana, generalmente se considera que Curazao y las islas vecinas frente a la costa norte de América del Sur constituyen el arco suroeste de las Antillas Menores. La capital es Willemstad.

La isla fue colonizada por pueblos arawak del continente suramericano. Fue visitada por primera vez por los europeos en 1499 y fue colonizada por los españoles y, más tarde, por los holandeses, quienes la establecieron como un importante centro de comercio para la Compañía Holandesa de las Indias Occidentales. Los españoles deportaron a toda la población indígena como esclava a La Española en 1515. Esta hermosa isla es el hogar de la comunidad judía continuamente habitada más antigua del hemisferio occidental, originalmente formada por judíos sefardíes que emigraron de Portugal en el siglo XVI.

La población es de 147.300 personas. Según las últimas estadísticas, esto incluye el 91,8 por ciento de negros, el 2,9 por ciento de surinameses y el 5,3 por ciento de holandeses. El idioma oficial es el holandés. El papiamento es el idioma nativo, pero la mayoría de la población también habla inglés y español. Hay varias afiliaciones religiosas: 72,8 por ciento católica romana, 6,6 por ciento pentecostal, 3 por ciento adventista del séptimo día, 8,4 por ciento otras o desconocidas y 6 por ciento ninguna.

El mensaje del Movimiento de Reforma llegó a Curazao por primera vez en 1978 a través de la hermana Rita Virginie (quien descansa en la tumba hasta la resurrección), quien recibió el mensaje de la familia Donderwinkel en Holanda. En 1980, la hermana Pura y el pastor Torres de Colombia vinieron a Curazao para ayudar con la obra misionera.

Por la gracia de nuestro Señor, ahora hay dos iglesias en Curazao, una en el extremo occidental de la isla y la otra en el extremo oriental. Existe una gran necesidad que un edificio sirva de testigo de la verdad en el extremo oriental.

"Cuando se despierta un interés en cualquier pueblo o ciudad, se debe darle seguimiento a ese interés. El lugar debe ser trabajado minuciosamente hasta que una humilde casa de adoración se alce como una señal, un memorial del sábado de Dios, una luz en medio de la oscuridad moral. Estos monumentos conmemorativos deben permanecer en muchos lugares como testigos de la verdad. Dios en su misericordia ha dispuesto que los mensajeros del evangelio vayan a todos los países, lenguas y pueblos hasta que la norma de la verdad sea establecida en todas partes del mundo habitado.

"Dondequiera que se levante un grupo de creyentes, se debe construir una casa de adoración. No dejes que los trabajadores abandonen el lugar sin cumplir con esto.

"En muchos lugares donde se ha predicado el mensaje y las almas lo han aceptado, se encuentran en circunstancias limitadas y poco pueden hacer para obtener ventajas que den carácter a la obra. A menudo esto dificulta la ampliación del trabajo. A medida que las personas se interesan en la verdad, los ministros de otras iglesias les dicen, y los miembros de la iglesia se hacen eco de estas palabras: 'Esta gente no tiene iglesia, y ustedes no tienen lugar de adoración. Sois una empresa pequeña, pobre e inculta. En poco tiempo los ministros se irán y entonces el interés disminuirá. Entonces abandonarás todas estas nuevas ideas que has recibido'" (*Testimonies for the Church*, tomo 6, pág. 100).

La iglesia de Santa Rosa no tiene un edificio permanente para rendir culto y ha tenido que realizar servicios en varios lugares. Por eso, con este informe, nos dirigimos a todos nuestros hermanos de todo el mundo y les pedimos su ayuda. Sus donaciones voluntarias serán de gran ayuda para comprar un lugar de culto. Oramos para que el Señor bendiga y multiplique su generosidad.

Jesús regresará pronto. Por lo tanto, en cumplimiento de la misión dada por el Señor Jesucristo de predicar el evangelio a toda nación, tribu, pueblo y lengua, y confiando en su promesa que Él estaría con su pueblo hasta el fin del mundo, debemos dedicarle todo lo que nos ha dado. El Señor ha hecho grandes cosas y hará muchas más si confiamos y hacemos su voluntad. De antemano expresamos nuestro agradecimiento a todos los hermanos que darán una generosa ofrenda para la iglesia de Santa Rosa.

"Y he aquí, vengo pronto; y mi recompensa está conmigo, para recompensar a cada uno según sea su obra. Yo soy Alfa y Omega, el principio y el fin, el primero y el último. Bienaventurados los que guardan sus mandamientos, para tener derecho al árbol de la vida y entrar por las puertas en la ciudad" Apocalipsis 22:12-14.

Todo honor y gloria sea para nuestro Señor y Salvador Jesucristo. ¡Amén!

—*El Campo de Curazao*

LECCIÓN 18

Ofrenda Especial de Escuela Sabática para el
CAMPO DE CURAZAO
¡Reflejen sus ofrendas las bendiciones que han recibido!

EL FRACASO Y LA MUERTE DE SANSÓN

Sábado Mayo 3, 2025

"La infatuación de Sansón parece casi increíble. Al comienzo no estaba tan dominado como para revelar su secreto; pero había entrado deliberadamente en la red del seductor de las almas, y sus mallas lo estaban aprisionando con cada paso que daba" (*Conflicto y Valor*, pág. 133).

DOMINGO

1. Cuando Sansón fue a la ciudad de Gaza, que pertenecía a los filisteos, ¿qué emboscada planearon sus enemigos para Sansón, con la esperanza de capturarlo y matarlo? ¿Qué pasó?

_____
_____
_____

Jueces 16:2-3 "*Y fue dicho a los de Gaza: Sansón ha venido acá. Y lo rodearon, y acecharon toda aquella noche a la puerta de la ciudad; y estuvieron callados toda aquella noche, diciendo: Hasta la luz de la mañana; entonces lo mataremos. ³Mas Sansón durmió hasta la medianoche; y a la medianoche se levantó, y tomando las puertas de la ciudad con sus dos pilares y su cerrojo, se las echó al hombro, y se fue y las subió a la cumbre del monte que está delante de Hebrón*".

"Sansón tuvo, en el momento de peligro, la misma fuente de fuerza que tuvo José. Pudo elegir entre el bien y el mal de acuerdo con su deseo. Pero en vez de asirse de la fuerza de Dios, permitió que lo dominaran las pasiones salvajes de su naturaleza. Las facultades de razonamiento estaban pervertidas, la moral corrompida. Dios había llamado a Sansón a una posición de gran responsabilidad, honor y utilidad; pero debía aprender a gobernar aprendiendo primero a obedecer las leyes de Dios. José tenía libre albedrío. El bien y el mal estaban delante de él. Podía elegir el camino de la pureza, la santidad y el honor, o el camino de la inmoralidad y la degradación. Eligió el camino correcto, y Dios lo aprobó. Sansón, bajo tentaciones similares que él mismo había buscado, dio rienda suelta a la pasión. Descubrió que el camino que había elegido terminaba en vergüenza, desastre y muerte. ¡Qué contraste con la historia de José!" (*Conflicto y Valor*, pág. 135).

LUNES

2. Continuando en su debilidad por mujeres extranjeras, ¿qué hizo Sansón? Aprovechando esto, ¿qué trampas le tendieron los filisteos?

Jueces 16:4-6 "Después de esto aconteció que se enamoró de una mujer en el valle de Sorec, la cual se llamaba Dalila. ⁵Y vinieron a ella los príncipes de los filisteos, y le dijeron: Engáñale e infórmate en qué consiste su gran fuerza, y cómo lo podríamos vencer, para que lo atemos y lo dominemos; y cada uno de nosotros te dará mil cien siclos de plata. ⁶Y Dalila dijo a Sansón: Yo te ruego que me declares en qué consiste tu gran fuerza, y cómo podrás ser atado para ser dominado".

"Si la cabeza de Sansón hubiese sido rapada sin culpa de su parte, su fuerza hubiera permanecido. Pero su conducta había mostrado tanto desprecio por el favor y la autoridad de Dios que era como si él mismo desdeñosamente se hubiese cortado las guedejas de la cabeza. Por eso Dios dejó que soportara los resultados de su propio extravío" (*Conflicto y Valor*, pág. 134).

MARTES

3. ¿Qué posición adoptó Dalila entre Sansón y los filisteos?

_____

_____

📖 Jueces 16:13-14 "Y Dalila dijo a Sansón: Hasta ahora me engañas, y tratas conmigo con mentiras. Descúbreme, pues, ahora, cómo podrás ser atado. Él entonces le dijo: Si tejieres siete guedejas de mi cabeza con la tela y las aseguraras con la estaca. ¹⁴Y ella las aseguró con la estaca, y le dijo: ¡Sansón, los filisteos sobre ti! Mas despertando él de su sueño, arrancó la estaca del telar con la tela".

"Al relacionarse con esta seductora, el juez de Israel malgastó horas preciosas que debieran haber sido sagradamente dedicadas al bienestar de su pueblo. Pero las pasiones deslumbrantes que hacen débil al más fuerte, habían obtenido el dominio de su razón y de su conciencia" (*Conflicto y Valor*, pág. 133).

MIÉRCOLES

SANSÓN TRAICIONÓ A DIOS

4. ¿Hasta qué punto influyó Dalila en Sansón con su insidiosa insistencia? ¿Era consciente Sansón de las consecuencias que enfrentaba al revelar el misterio de su fuerza a una pagana perteneciente a una nación enemiga?

📖 Jueces 16:15-17 "Y ella le dijo: ¿Cómo dices: Yo te amo, cuando tu corazón no está conmigo? Ya me has engañado tres veces, y no me has descubierto aún en qué consiste tu gran fuerza. ¹⁶Y aconteció que, presionándole ella cada día con sus palabras e importunándole, su alma fue reducida a mortal angustia. ¹⁷Le descubrió, pues, todo su corazón, y le dijo: Nunca a mi cabeza llegó navaja; porque soy nazareo de Dios desde el vientre de mi madre. Si fuere rapado, mi fuerza se apartará de mí, y me debilitaré y seré como todos los hombres".

"Día tras día Dalila le fue instando con sus palabras hasta 'que su alma fue reducida a mortal angustia'. Sin embargo, una fuerza sutil le sujetaba al lado de ella. Vencido por último, Sansón le dio a conocer el secreto: 'Nunca a mi cabeza llegó navaja; porque soy nazareo de Dios desde el vientre de mi madre. Si fuere rapado, mi fuerza se apartará de mí, y seré debilitado, y como todos los hombres. En seguida envió Dalila un mensajero a los señores de los filisteos, para instarlos a venir sin tardanza alguna. Mientras el guerrero dormía, se le cortaron las espesas trenzas de la cabeza. Luego, como lo había hecho tres veces antes, ella gritó: '¡Sansón, los filisteos sobre ti!' Despertándose repentinamente, quiso hacer uso de su fuerza como en otras ocasiones, y destruirlos; pero sus brazos impotentes se negaron a obedecerle, y entonces se dio cuenta de 'que Jehová ya se había de él apartado'" (*Conflicto y Valor*, pág. 134).

JUEVES

5. Con su pretendido amor, ¿qué preparó Dalila para Sansón? Una vez que reveló el secreto de su fuerza, ¿cuál fue el resultado?

Jueces 16:18-22 "Viendo Dalila que él le había descubierto todo su corazón, envió a llamar a los principales de los filisteos, diciendo: Venid esta vez, porque él me ha descubierto todo su corazón. Y los principales de los filisteos vinieron a ella, trayendo en su mano el dinero. [19] Y ella hizo que él se durmiese sobre sus rodillas, y llamó a un hombre, quien le rapó las siete guedejas de su cabeza; y ella comenzó a afligirlo, pues su fuerza se apartó de él. [20] Y le dijo: ¡Sansón, los filisteos sobre ti! Y luego que despertó él de su sueño, se dijo: Esta vez saldré como las otras y me escaparé. Pero él no sabía que

Jehová ya se había apartado de él. ²¹Mas los filisteos le echaron mano, y le sacaron los ojos, y le llevaron a Gaza; y le ataron con cadenas para que moliese en la cárcel. ²²Y el cabello de su cabeza comenzó a crecer, después que fue rapado".

"Al verse Sansón acosado por las preguntas de la traidora, la engañó diciéndole que las debilidades de otros hombres le sobrevendrían si se pusieran en práctica ciertos procedimientos. Cuando ella hizo la prueba, se descubrió el engaño. Entonces le acusó de haberle mentido y le dijo: '¿Cómo dices, Yo te amo, pues que tu corazón no está conmigo?'... Tres veces tuvo Sansón la más clara manifestación de que los filisteos se habían aliado con su hechicera para destruirle; pero cuando ella fracasaba en su propósito hacía de ello un asunto de broma, y él ciegamente desterraba todo temor" (*Conflicto y Valor*, pág. 133).

VIERNES

6. ¿Hasta dónde llegaron los filisteos para jactarse de su victoria y humillar a Sansón?

Jueces 16:23-25 "Entonces los principales de los filisteos se juntaron para ofrecer sacrificio a Dagón su dios y para alegrarse; y dijeron: Nuestro dios entregó en nuestras manos a Sansón nuestro enemigo. ²⁴Y viéndolo el pueblo, alabaron a su dios, diciendo: Nuestro dios entregó en nuestras manos a nuestro enemigo, y al destruidor de nuestra tierra, el cual había dado muerte a muchos de nosotros. ²⁵Y aconteció que cuando sintieron alegría en su corazón, dijeron: Llamad a Sansón, para que nos divierta. Y llamaron a Sansón de la cárcel, y sirvió de juguete delante de ellos; y lo pusieron entre las columnas".

"El Señor en su Palabra ha dado instrucciones precisas a su pueblo de no unirse con los que no tienen su amor y temor delante de ellos. Tales compañeros rara vez estarán satisfechos con el amor y el respeto que con justicia les correspondan. Constantemente buscarán obtener de la esposa o el esposo temerosos de Dios algún favor que involucre un desprecio de los requerimientos divinos. Para un hombre piadoso y para la iglesia a la cual pertenezca, una esposa mundana o un amigo mundano es un espía en el terreno, que buscará toda oportunidad de traicionar al siervo de Cristo, y exponerlo al ataque del enemigo.

"La historia de Sansón encierra una lección para aquellos cuyos caracteres aún no están formados, que todavía no han entrado en la etapa activa de la vida. Los jóvenes que ingresen en nuestros colegios y escuelas encontrarán allí todo tipo de mentalidades. Si desean diversión y tonterías, si buscan rehuir a los buenos y unirse con los malos, tienen la oportunidad de hacerlo. El pecado y la justicia están frente a ellos y deben elegir por sí mismos. Pero recuerden que 'todo lo que el hombre sembrare, eso también segará'" (*Conflicto y Valor*, pág. 135).

SÁBADO

LOS PECADORES PAGAN EL PRECIO

7. Aunque todos se burlaron, ¿cómo se vengó Sansón de los filisteos que lo habían cegado? ¿Cómo les infligió el castigo que merecían?

_____
_____
_____

Jueces 16:26-30 "Entonces Sansón dijo al joven que le guiaba de la mano: Acércame, y hazme palpar las columnas sobre las que descansa la casa, para que me apoye sobre ellas. ²⁷Y la casa estaba llena de hombres y mujeres, y todos los principales de los filisteos estaban allí; y en el piso alto había como tres mil hombres y mujeres, que estaban mirando el escarnio de Sansón. ²⁸Entonces clamó Sansón a Jehová, y dijo: Señor Jehová, acuérdate ahora de mí, y fortaléceme, te ruego, solamente esta vez, oh Dios, para que de una vez tome venganza de los filisteos por mis dos ojos. ²⁹Asió luego Sansón las dos columnas de en medio, sobre las que descansaba la casa, y echó todo su peso sobre ellas, su mano derecha sobre una y su mano izquierda sobre la otra. ³⁰Y dijo Sansón: Muera yo con los filisteos. Entonces se inclinó con toda su fuerza, y cayó la casa sobre los principales, y sobre todo el pueblo que estaba en ella. Y los que mató al morir fueron muchos más que los que había matado durante su vida".

"¡Cuán grande era el cambio para el que había sido juez y campeón de Israel, al verse ahora débil, ciego, encarcelado, rebajado a los menesteres más viles! Poco a poco había violado las condiciones de su sagrada vocación. Dios había tenido mucha paciencia con él; pero cuando se entregó de tal manera al poder del pecado que traicionó su secreto, el Señor se apartó de él y le abandonó. No había virtud alguna en sus cabellos largos, sino que eran una señal de su lealtad a Dios; y cuando sacrificó ese símbolo para satisfacer su pasión, perdió también las bendiciones que representaba" (*Conflicto y Valor*, pág. 134).

 ESTUDIO ADICIONAL

"Después de su victoria, hicieron los israelitas juez a Sansón, y gobernó a Israel durante veinte años. Pero un mal paso prepara el camino para otro... Continuó buscando los placeres sensuales que le atraían hacia la ruina. 'Después de esto aconteció que se enamoró de una mujer en el valle de Sorec', a poca distancia de donde había nacido él. Ella se llamaba Dalila, 'la consumidora'... Los filisteos observaban cuidadosamente los movimientos de su enemigo, y cuando él se envileció por esta nueva unión decidieron obtener su ruina por medio de Dalila" (*Conflicto y Valor*, pág. 133).

LECCIÓN 19

IDOLATRÍAS PRIVADAS Y SACERDOTE

Sábado 10 de mayo, 2025

"El hombre no debe presumir de dejar de lado la gran norma moral de Dios y erigir una norma según su propio juicio finito. Debido a que los hombres se miden entre sí y viven según sus propios estándares, la iniquidad abunda y el amor de muchos se enfría. Se muestra desprecio por la ley de Dios, y debido a esto muchos presumen de transgredirla, e incluso aquellos que han tenido la luz de la verdad están vacilando en su lealtad a la ley de Dios. ¿Los barrerá la corriente del mal que con tanta fuerza se dirige hacia la perdición? ¿O, con valentía y fidelidad, frenarán la marea y mantendrán la lealtad a Dios en medio del mal prevaleciente? ¿No dirán con celo y devoción pura de corazón: 'He guardado los caminos del Señor, y no me he apartado impíamente de mi Dios? Porque todos sus juicios estaban delante de mí, y no deseché de mí sus estatutos. Yo también fui recto delante de él, y me guardé de mi iniquidad?'" (*Review and Herald*, 12 de junio de 1894).

DOMINGO

1 ¿Qué le robó un hombre llamado Micah a su madre? ¿Qué hizo cuando se convenció que el dinero no era realmente suyo?

 Jueces 17:1-2 "*Hubo un hombre del monte de Efraín, que se llamaba Micaía, ²el cual dijo a su madre: Los mil cien siclos de plata que te fueron hurtados, acerca de los cuales maldijiste, y de los cuales me hablaste, he aquí*

el dinero está en mi poder; yo lo tomé. Entonces la madre dijo: Bendito seas de Jehová, hijo mío".

"Basándose en la superioridad de su número, estas tribus exigieron una porción doble de territorio. La que les había tocado en suerte era la más rica de la tierra e incluía la fértil llanura de Sarón; pero muchas de las ciudades principales del valle estaban aún en poder de los cananeos, y las tribus, rehuyendo el trabajo y peligro que significaba conquistar sus posesiones, deseaban una porción adicional del territorio ya conquistado. La tribu de Efraín era una de las más grandes de Israel, y a ella pertenecía el mismo Josué. Por consiguiente sus miembros se creían con derecho a recibir una consideración especial. Dijeron a Josué: '¿Por qué me has dado como heredad una sola suerte y una sola parte, siendo nosotros un pueblo tan grande?' Josué 17:14-18. Pero no lograron que el jefe inflexible se apartara de la estricta justicia" (*Patriarcas y Profetas*, pág. 490).

LUNES

DIOS HECHO A LA MEDIDA

2. ¿Era la madre del hombre materialista o creyente? ¿Qué hizo con 200 piezas de plata una vez que las tuvo nuevamente?

Jueces 17:3-4 "Y él devolvió los mil cien siclos de plata a su madre; y su madre dijo: En verdad he dedicado el dinero a Jehová por mi hijo, para hacer una imagen de talla y una de fundición; ahora, pues, yo te lo devuelvo. ⁴Mas él devolvió el dinero a su madre, y tomó su madre doscientos siclos de plata y los dio al fundidor, quien hizo de ellos una imagen de talla y una de fundición, la cual fue puesta en la casa de Micaía".

"El poder del Dios de Israel había sido prometido a su pueblo, y si los efraimitas hubieran tenido el valor y la fe de Caleb, ningún enemigo habría podido oponérseles. Josué encaró firmemente el deseo manifiesto de ellos de evitar los trabajos y peligros. Les dijo: 'Tú eres un gran pueblo y tienes un gran poder: no tendrás una sola parte, sino que aquel monte será tuyo, pues aunque es un bosque, tú lo desmontarás y lo poseerás hasta sus límites más lejanos; porque tú arrojarás al cananeo, aunque tenga carros de hierro y aunque sea fuerte'. Así sus propios argumentos fueron esgrimidos contra ellos. Siendo ellos un gran pueblo, como alegaban serlo, tenían plena capacidad para abrirse camino, como sus hermanos. Con la ayuda de Dios, no necesitaban temer los carros herrados" (*Patriarcas y Profetas*, pág. 491).

MARTES

3. ¿En qué nos hace pensar la frase *"cada uno hizo lo que bien le parecía"*? ¿Qué dicen las Escrituras acerca de la adoración de dioses paganos falsos?

_____
_____
_____

Jueces 17:5-6 "Y este hombre Micaía tuvo casa de dioses, e hizo efod y terafines, y consagró a uno de sus hijos para que fuera su sacerdote. ⁶En aquellos días no había rey en Israel; cada uno hacía lo que bien le parecía".

1 Reyes 11:7 "Entonces edificó Salomón un lugar alto a Quemos, ídolo abominable de Moab, en el monte que está enfrente de Jerusalén, y a Moloc, ídolo abominable de los hijos de Amón".

"Dios no le ha dado al hombre la libertad de apartarse de sus mandamientos. El Señor había declarado a Israel: 'No haréis [...] cada uno lo que le parece', sino 'guarda y escucha todas estas palabras que yo te mando'. Deuteronomio 12:8, 38. Al decidir sobre cualquier camino a seguir, no hemos de preguntarnos si es previsible que de él resultará algún daño, sino más bien si está de acuerdo con la voluntad de Dios. 'Hay camino que al hombre parece derecho; pero es camino que lleva a la muerte'. Proverbios 14:12" (*Patriarcas y Profetas*, pág. 622).

MIÉRCOLES

ORDENACIÓN DEL PROPIO SACERDOTE

4. **Mientras tanto, ¿quiénes vinieron a la casa de Micaía en la región montañosa de Efraín?**

Jueces 17:7-8 "*Y había un joven de Belén de Judá, de la tribu de Judá, el cual era levita, y forastero allí. ⁸Este hombre partió de la ciudad de Belén de Judá para ir a vivir donde pudiera encontrar lugar; y llegando en su camino al monte de Efraín, vino a casa de Micaía*".

"Su posición ha hecho que muchas personas en la localidad de ____, y alrededor de ella, piensen menos favorablemente de la Review de lo que de otro modo hubieran pensado, y han considerado muy livianamente las verdades que se encuentran en ella. Debido a eso, la Review no ha ejercido sobre ellos la influencia que Dios se proponía que tuviera. Y cada uno ha seguido su propio camino y ha hecho lo que le parecía bien ante sus propios ojos; debido a eso todos se encuentran muy a la retaguardia, y a menos que se efectúen cambios completos en ellos, serán pesados en la balanza y hallados faltos" (*Testimonios para la Iglesia*, tomo 1, pág. 284).

JUEVES

5. ¿Qué se pensaría acerca de alguien con un sacerdote privado? ¿Cuál es la diferencia entre un sueño y declararse profeta?

Jueces 17:9-10 "*Y Micaía le dijo: ¿De dónde vienes? Y el levita le respondió: Soy de Belén de Judá, y voy a vivir donde pueda encontrar lugar.* ¹⁰*Entonces Micaía le dijo: Quédate en mi casa, y serás para mí padre y sacerdote; y yo te daré diez siclos de plata por año, vestidos y comida. Y el levita se quedó*".

"'Por tanto, pondréis estas mis palabras en vuestro corazón y en vuestra alma, y las ataréis como una señal en vuestra mano, para que sean como frontales entre vuestros ojos....
"'He aquí, pongo delante de vosotros hoy una bendición y una maldición; Bendición, si obedecéis los mandamientos de Jehová vuestro Dios, que yo os mando hoy; y maldición, si no obedecéis los mandamientos de Jehová vuestro Dios, sino que os desviáis del camino que os mando este día, para ir en pos de dioses ajenos, que no habéis conocido....
"'No haréis como todo lo que hacemos aquí hoy, cada uno lo que bien le parece', sino que 'guardaréis en cumplir todos los estatutos y decretos que os he puesto hoy' Deuteronomio 11:18, 26-28; 12:8; 11:32" (*Review and Herald*, 12 de junio de 1894).

VIERNES

UNA RELIGIÓN HECHA PARA SÍ

6 ¿Qué autoridad tenía Micaía para ordenar sacerdote a una persona? ¿Cómo se compara con una persona hoy que se presenta como maestro de la verdad y se nombra mensajero del Señor?

> Jueces 17:11-12 "*Agradó, pues, al levita morar con aquel hombre, y fue para él como uno de sus hijos. ¹²Y Micaía consagró al levita, y aquel joven le servía de sacerdote, y permaneció en casa de Micaía*".

"'Mejor es obedecer que sacrificar'. Las ofrendas de los sacrificios no tenían en sí mismas valor alguno a los ojos de Dios. Estaban destinadas a expresar, por parte del que las ofrecía, arrepentimiento del pecado y fe en Cristo, y a prometer obediencia futura a la ley de Dios. Pero sin arrepentimiento, ni fe ni un corazón obediente, las ofrendas no tenían valor. Cuando, violando directamente el mandamiento de Dios, Saúl se propuso presentar en sacrificio lo que Dios había ordenado que sea destruido, despreció abiertamente la autoridad divina. El sacrificio hubiera sido un insulto para el cielo. No obstante conocer el relato del pecado de Saúl y sus resultados, ¡cuántos siguen una conducta parecida! Mientras se niegan a creer y obedecer algún mandamiento del Señor, perseveran en ofrecer a Dios sus servicios religiosos formales. No responde el Espíritu de Dios a tal servicio. Por celosos que sean los hombres en su observancia de las ceremonias religiosas, el Señor no las puede aceptar si ellos persisten en violar deliberadamente uno de sus mandamientos" (*Patriarcas y Profetas*, pág. 622).

SÁBADO

7. Siendo idólatra, ¿qué clase de religión tenía Micaía, ya que estaba convencido que recibiría la bendición de Dios al tener un levita como sacerdote privado?

Jueces 17:13 *"Y Micaía dijo: Ahora sé que Jehová me prosperará, porque tengo un levita por sacerdote".*

"El Señor les aseguró que debían expulsar de la tierra a los que eran una trampa para ellos, los que serían espinas en sus costados. Este era el mensaje del Señor, y su plan era que, bajo su tutela, su pueblo tuviera un territorio más grande y cada vez más grande. Dondequiera que edificaran casas y cultivaran la tierra, deberían establecer empresas de comercio para que ellos no tuvieran que pedir prestado de sus vecinos, sino sus vecinos de ellos. Debían aumentar sus posesiones y convertirse en un pueblo grande y poderoso. Pero se detuvieron a la mitad del camino. Tuvieron en cuenta su propia conveniencia, y no se hizo la obra única que Dios podría haber hecho para ellos al colocarlos donde se enseñase el conocimiento de Dios y se desterrasen las prácticas abominables de los paganos del país" (*Manuscrito* 126, 1899).

ESTUDIO ADICIONAL

"Existen muchos males en la iglesia, que ciegan los ojos y entorpecen los sentidos espirituales. La conciencia se adormece y no discierne el carácter abominable del pecado. Debemos examinarnos de cerca. Pablo dice: 'Examinaos a vosotros mismos si estáis en la fe; probaros a vosotros mismos. ¿No os conocéis a vosotros mismos, que Jesucristo está en vosotros, a menos que seáis réprobados?' 'El fruto del Espíritu es amor, gozo, paz, paciencia, benignidad, bondad, fe, mansedumbre, templanza: contra tales no hay ley. Y los que son de Cristo han crucificado la carne con las pasiones y las concupiscencias. Si vivimos en el Espíritu, caminemos también en el Espíritu. No seamos deseosos de vanagloria, provocándonos unos a otros, envidiándonos unos a otros.' Debemos suplicar a Dios que nos de visión espiritual, para que podamos discernir nuestros errores y comprender nuestra deficiencia de carácter" (*Review and Herald*, 12 de junio de 1894).

LECCIÓN 20

LA BÚSQUEDA DE TERRITORIO POR PARTE DE LOS DANITAS

Sábado
Mayo 17,
2025

"Aquellos que quieran ser soldados de Cristo deben estimar de cerca cuál será la influencia de aceptar puestos de confianza en el avance de las empresas mundanas. Deben consultar al Señor Jesús y preguntarle a cada paso: ¿Servirá esta obra para hacer avanzar, para salvar, mi interés espiritual, o me impedirá alcanzar la perfección de carácter? Si se presenta una gran ganancia como un incentivo para enredarte y poner en peligro tu alma, sólo tienes una respuesta que dar; '¿De qué le aprovechará al hombre si ganare el mundo entero y perdiera su alma?'" (*Review and Herald*, 16 de junio de 1896).

DOMINGO

1. Puesto que en aquel tiempo no había rey en Israel, ¿qué se atrevieron a hacer algunos individuos y hasta tribus enteras? ¿A quién enviaron algunos de la tribu de Dan para explorar el país y encontrar un territorio adecuado?

Jueces 18:1-3 *"En aquellos días no había rey en Israel. Y en aquellos días la tribu de Dan buscaba posesión para sí donde habitar, porque hasta entonces no había tenido posesión entre las tribus de Israel. ²Y los hijos de Dan enviaron de su tribu cinco hombres de entre ellos, hombres valientes, de Zora y Estaol, para que reconociesen y explorasen bien la tierra; y les dijeron: Id y reconoced la tierra. Estos vinieron al* monte de Efraín, hasta la casa de Micaía, y allí posaron. ³Cuando estaban cerca de la casa de Micaía, reconocieron la voz del joven levita; y llegando allá, le dijeron: ¿Quién te ha traído acá? ¿y qué haces aquí? ¿y qué tienes tú por aquí?"

"'No haréis conforme a todas las cosas que hacemos aquí hoy, cada uno lo que bien le parece', sino que 'guardaréis en cumplir todos los estatutos y decretos que os he puesto hoy delante'. No es pretender dejar de lado la gran norma moral de Dios y erigir una norma según su propio juicio finito. Debido a que los hombres se miden entre sí y viven según sus propias normas, la iniquidad abunda y el amor de muchos se enfría. Se muestra desprecio a la ley de Dios, y debido a esto muchos presumen de transgredirla, e incluso aquellos que han tenido la luz de la verdad están vacilando en su lealtad a la ley de Dios" (*Review and Herald*, 12 de junio de 1894).

"La herencia de la tribu de Dan, a la cual pertenecía la familia de Manoa, estaba adyacente al país de los filisteos. De hecho, la pequeña ciudad de Zorah, que fue el primer hogar de Sansón, estaba muy cerca de las moradas de esta raza alienígena..." (*Signs of the Times*, 6 de octubre de 1881).

LUNES

LOS DANITAS CONSULTARON AL SACERDOTE DE MICAÍA

2. Cuando llegaron a la casa de Micaía y hablaron con el sacerdote, ¿qué le preguntaron?

Jueces 18:4-6 "Él les respondió: De esta y de esta manera ha hecho conmigo Micaía, y me ha tomado para que sea su sacerdote. ⁵Y ellos le dijeron: Pregunta, pues, ahora a Dios, para que sepamos si ha de prosperar este viaje que hacemos. ⁶Y el sacerdote les respondió: Id en paz; delante de Jehová está vuestro camino en que andáis".

"En ninguna asociación deben introducirse precipitadamente proposiciones sin dejar a los hermanos el tiempo de examinar atentamente cada uno de los aspectos del asunto. Se ha pensado algunas veces que por haber sugerido el presidente algunos planes, no había lugar para consultar al Señor al respecto. De este modo, se aceptaron proposiciones que no eran para el bien espiritual de los creyentes, y entrañaban consecuencias de mayor alcance que el aparente en el primer examen. Tales maniobras no son conforme al orden divino. Se han presentado y votado muchísimos asuntos que implicaban mucho más de lo que se anticipaba y de lo que los votantes hubiesen concedido si se hubiesen tomado el tiempo de examinar el asunto desde todos los puntos de vista" (*Testimonios para la Iglesia*, tomo 9, pág. 221).

MARTES

3. ¿Cuál fue el resultado de su viaje? ¿Qué informe dieron cuando regresaron?

_____

_____

_____

Jueces 18:7-10 *"Entonces aquellos cinco hombres salieron, y vinieron a Lais; y vieron que el pueblo que habitaba en ella estaba seguro, ocioso y confiado, conforme a la costumbre de los de Sidón, sin que nadie en aquella región les perturbase en cosa alguna, ni había quien poseyese el reino. Y estaban lejos de los sidonios, y no tenían negocios con nadie. ⁸Volviendo, pues, ellos a sus hermanos en Zora y Estaol, sus hermanos les dijeron: ¿Qué hay? Y ellos respondieron: ⁹Levantaos, subamos contra ellos; porque nosotros hemos explorado la región, y hemos visto que es muy buena; ¿y vosotros no haréis nada? No seáis perezosos en poneros en marcha para ir a tomar posesión de la tierra. ¹⁰Cuando vayáis, llegaréis a un pueblo confiado y a una tierra muy espaciosa, pues Dios la ha entregado en vuestras manos; lugar donde no hay falta de cosa alguna que haya en la tierra".*

"El Señor ha procurado mostrarnos cuán dispuesto está Dios para oír y contestar nuestro pedido, usando un hecho muy familiar y común. Dijo: '¿Qué hombre hay de vosotros, que si su hijo le pide pan, le dará una piedra? ¿O si le pide un pescado, le dará una serpiente? Pues si vosotros, siendo malos, sabéis dar buenas dádivas a vuestros hijos, ¿cuánto más vuestro Padre que está en los cielos dará buenas cosas a los que le piden?' [Mateo 7:9-11]. Cristo nos hizo una exhortación acerca de la buena voluntad de Dios para ayudar, usando como argumento el amor natural de los padres hacia sus retoños. ¿Qué padre se apartaría de su hijo que le pide pan? ¿Deshonraría alguien a Dios imaginándose que no responderá al llamado de sus hijos? ... El Señor asegura que dará el Espíritu Santo a los que se lo piden" (*Mensajes Selectos*, tomo 1, pág. 386).

MIÉRCOLES

4. Dado que el Señor había prometido antiguamente darle a Israel la tierra de Canaán, ¿qué hizo el pueblo de Dan?

Éxodo 13:11 "*Y cuando Jehová te haya metido en la tierra del cananeo, como te ha jurado a ti y a tus padres, y cuando te la hubiere dado*".

Jueces 18:11-13 "*Entonces salieron de allí, de Zora y de Estaol, seiscientos hombres de la familia de Dan, armados de armas de guerra. ¹²Fueron y acamparon en Quiriat-jearim en Judá, por lo cual llamaron a aquel lugar el campamento de Dan, hasta hoy; está al occidente de Quiriat-jearim. ¹³Y de allí pasaron al monte de Efraín, y vinieron hasta la casa de Micaía*".

"Su servicio fue imponente y testificó de la verdad de un Dios vivo. Sus sacrificios apuntaban hacia el Salvador venidero que tomaría los reinos de toda la tierra y los poseería para siempre. Se había dado evidencia de su poder para hacer esto, pues como Caudillo invisible de ellos ¿no había acaso sometido a sus enemigos y abierto un camino para su iglesia en el desierto? Su pueblo nunca conocería la derrota si habitaba bajo la sombra del Omnipotente, pues Uno más poderoso que los ángeles lucharía a su lado en cada batalla" (*Manuscrito 134, 1899*).

JUEVES

5. Cuando llegaron a la casa de Micaía, ¿qué le quitaron? ¿Qué revelaron tales acciones?

Jueces 18:16-20 *"Y los seiscientos hombres, que eran de los hijos de Dan, estaban armados de sus armas de guerra a la entrada de la puerta. ¹⁷Y subiendo los cinco hombres que habían ido a reconocer la tierra, entraron allá y tomaron la imagen de talla, el efod, los terafines y la imagen de fundición, mientras estaba el sacerdote a la entrada de la puerta con los seiscientos hombres armados de armas de guerra. ¹⁸Entrando, pues, aquellos en la casa de Micaía, tomaron la imagen de talla, el efod, los terafines y la imagen de fundición. Y el sacerdote les dijo: ¿Qué hacéis vosotros? ¹⁹Y ellos le respondieron: Calla, pon la mano sobre tu boca, y vente con nosotros, para que seas nuestro padre y sacerdote. ¿Es mejor que seas tú sacerdote en casa de un solo hombre, que de una tribu y familia de Israel? ²⁰Y se alegró el corazón del sacerdote, el cual tomó el efod y los terafines y la imagen, y se fue en medio del pueblo".*

"Si queremos ser adoradores espirituales de Jesucristo, debemos sacrificar todo y obedecer plenamente los primeros cuatro mandamientos. (Mateo 22:37-38): 'Jesús le dijo: Amarás al Señor tu Dios con todo tu corazón, y con toda tu alma, y con toda tu mente. Este es el primero y grande mandamiento'. Los primeros cuatro mandamientos no permiten que exista una separación entre nuestros afectos y Dios. Tampoco permiten que nada divida, o comparta, nuestro supremo deleite en él. Cualquier cosa que divide los afectos, y desarraiga del alma el amor supremo a Dios, adopta la forma de un ídolo. Nuestros corazones carnales se aferrarán a nuestros ídolos y procurarán llevarlos con ellos; pero no podremos avanzar hasta que los desechemos, porque éstos nos separan de Dios. La gran Cabeza de la iglesia ha elegido a su pueblo separándolo del mundo, y requiere que ellos se mantengan alejados del mundo. Ha establecido que el espíritu de sus mandamientos los acerque a él y los separe de los elementos del mundo. Amar a Dios y guardar sus mandamientos dista mucho de amar los placeres y las amistades del mundo. No hay concordia entre Cristo y Belial. El pueblo de Dios puede confiar completa y únicamente en él y avanzar sin temor por el camino de la obediencia" (*Testimonios para la Iglesia*, tomo 1, pág. 260).

VIERNES

6. ¿Cómo reaccionó Micaía cuando se dio cuenta que le habían robado? ¿Cómo amenazaron los danitas?

Jueces 18:21-26 "Y ellos se volvieron y partieron, y pusieron los niños, el ganado y el bagaje por delante. ²²Cuando ya se habían alejado de la casa de Micaía, los hombres que habitaban en las casas cercanas a la casa de Micaía se juntaron y siguieron a los hijos de Dan. ²³Y dando voces a los de Dan, estos volvieron sus rostros, y dijeron a Micaía: ¿Qué tienes, que has juntado gente? ²⁴Él respondió: Tomasteis mis dioses que yo hice y al sacerdote, y os vais; ¿qué más me queda? ¿Por qué, pues, me preguntáis qué me pasa? ²⁵Y los hijos de Dan le dijeron: No des voces tras nosotros, no sea que los de ánimo colérico os acometan, y pierdas también tu vida y la vida de los tuyos. ²⁶Y prosiguieron los hijos de Dan su camino, y Micaía, viendo que eran más fuertes que él, volvió y regresó a su casa".

"En los tiempos antiguos, los hombres acostumbraban esconder sus tesoros en la tierra. Los robos eran frecuentes, y cuando quiera que hubiese un cambio en el poder gobernante, los que tenían grandes posesiones estaban expuestos a que se les aplicasen pesados tributos. Por otra parte, el país estaba en constante peligro de ser invadido por ejércitos merodeadores" (*Palabras de Vida del Gran Maestro*, pág. 75).

SÁBADO

LOS DANITAS SE ESTABLECEN EN LAIS

7 ¿Qué establecieron los danitas una vez que conquistaron Lais en el extremo norte de Canaán? ¿Quién sirvió como sacerdote de la tribu?

_____
_____

Jueces 18:27, 29-31 "Y ellos, llevando las cosas que había hecho Micaía, juntamente con el sacerdote que tenía, llegaron a Lais, al pueblo tranquilo y confiado; y los hirieron a filo de espada, y quemaron la ciudad. ... ²⁹Y llamaron el nombre de aquella ciudad Dan, conforme al nombre de Dan su padre, hijo de Israel, bien que antes se llamaba la ciudad Lais. ³⁰Y los hijos de Dan levantaron para sí la imagen de talla; y Jonatán hijo de Gersón, hijo de Moisés, él y sus hijos fueron sacerdotes en la tribu de Dan, hasta el día del cautiverio de la tierra. ³¹Así tuvieron levantada entre ellos la imagen de talla que Micaía había hecho, todo el tiempo que la casa de Dios estuvo en Silo".

"Consideremos la idea del privilegio que tenemos. Hay muchas personas que, cuando pasan por dificultades, caen en tentación y quedan desorientadas. Se olvidan de las invitaciones que el Señor ha dado abundantemente y comienzan a buscar la ayuda humana y a hacer planes para recibirla. Acuden a los seres humanos por ayuda, y de este modo su experiencia se debilita y se confunde. En todas nuestras pruebas se nos invita a buscar fervientemente al Señor, recordando que somos propiedad de él, hijos suyos por adopción. Ningún ser humano puede comprender nuestras necesidades como Cristo. Si se la pedimos con fe, recibiremos su ayuda. Le pertenecemos por creación, y también somos suyos por redención. Mediante las cuerdas del amor divino estamos sujetos a la Fuente de todo poder y fortaleza. Si tan sólo dependiéramos de Dios, pidiéndole lo que deseamos como el niñito le pide a su padre lo que quiere, obtendríamos una rica experiencia. Así aprenderíamos que Dios es la fuente de toda fortaleza y poder" (*Exaltad a Jesús*, pág. 49).

 **ESTUDIO ADICIONAL**

"En este tiempo, no podemos ser descuidados o negligentes en la obra de Dios. Cada día debemos buscar al Señor con fervor, si queremos prepararnos para las pruebas que nos esperan. Nuestros corazones deben ser limpiados de todo sentimiento de superioridad, y los principios vivos de la verdad deben ser implantados en el alma. Los jóvenes y los ancianos, así como las personas de edad madura, deben practicar ahora las virtudes del carácter de Cristo. Cada día deben desarrollarse espiritualmente para llegar a ser vasos de honra en el servicio del Maestro" (*Testimonios para la Iglesia*, tomo 9, pág. 222).

LECCIÓN 21

Sábado 24 de mayo, 2025

PERDÓN Y HOSPITALIDAD

"El que no perdona suprime el único conducto por el cual puede recibir la misericordia de Dios. No debemos pensar que, a menos que confiesen su culpa los que nos han hecho daño, tenemos razón para no perdonarlos. Sin duda, es su deber humillar sus corazones por el arrepentimiento y la confesión; pero hemos de tener un espíritu compasivo hacia los que han pecado contra nosotros, confiesen o no sus faltas. Por mucho que nos hayan ofendido, no debemos pensar de continuo en los agravios que hemos sufrido ni compadecernos de nosotros mismos por los daños. Así como esperamos que Dios nos perdone nuestras ofensas, debemos perdonar a todos los que nos han hecho mal" (*El Discurso Maestro de Jesucristo*, pág. 97).

DOMINGO

1 ¿Qué pecado grave cometió la concubina de un levita? Cuando se enteró de esta infidelidad, ¿qué hizo?

Jueces 19:1-4 *En aquellos días, cuando no había rey en Israel, hubo un levita que moraba como forastero en la parte más remota del monte de Efraín, el cual había tomado para sí mujer concubina de Belén de Judá. ²Y su concubina le fue infiel, y se fue de él a casa de su padre, a Belén de Judá, y estuvo allá*

LA OBRA DE DIOS A TRAVÉS DE LOS JUECES 153

durante cuatro meses. ³Y se levantó su marido y la siguió, para hablarle amorosamente y hacerla volver; y llevaba consigo un criado, y un par de asnos; y ella le hizo entrar en la casa de su padre. ⁴Y viéndole el padre de la joven, salió a recibirle gozoso; y le detuvo su suegro, el padre de la joven, y quedó en su casa tres días, comiendo y bebiendo y alojándose allí".

"Cuán a menudo sentimos que se nos ha tratado injustamente, y que se han dicho cosas falsas de nosotros, y que se nos ha presentado bajo una luz mentirosa ante los demás. Cuando se nos prueba de ese modo, necesitamos mantener un dominio estricto sobre nuestro espíritu y nuestras palabras. Necesitamos tener el amor de Cristo para no albergar un espíritu implacable. No pensemos que a menos que los que nos han ofendido confiesen sus errores estaremos justificados si no los perdonamos. No debiéramos acumular agravios, manteniéndolos en el corazón hasta que el que pensamos que es culpable humille su corazón mediante el arrepentimiento y la confesión..." (*Hijos e Hijas de Dios*, pág. 146).

LUNES

HOSPITALIDAD Y ESPÍRITU CRISTIANO

2. ¿Qué cálida bienvenida le dio el padre de la joven a su yerno traicionado, que buscaba la reconciliación con la mujer?

Jueces 19:8-9 "Al quinto día, levantándose de mañana para irse, le dijo el padre de la joven: Conforta ahora tu corazón, y aguarda hasta que decline el día. Y comieron ambos juntos. ⁹Luego se levantó el varón para irse, él y su concubina y su criado. Entonces su suegro, el padre de la joven, le dijo: He aquí ya el día declina para anochecer, te ruego que paséis aquí la noche; he aquí que el día se acaba, duerme aquí, para que se alegre tu corazón; y mañana os levantaréis temprano a vuestro camino y te irás a tu casa".

"Jesús nos ha dado ejemplo para que sigamos sus pisadas, y manifestemos compasión, amor y buena voluntad hacia todos. Cultivemos un espíritu amable, un espíritu de tolerancia, y un amor tierno y benevolente … El Señor se deleita en derramar sus bendiciones sobre aquellos que quieren honrarlo, que quieren reconocer su misericordia, que revelan que aprecian su amor hacia ellos manifestando las mismas características llenas de gracia a los que los rodean" (*Hijos e Hijas de Dios*, pág. 146).

MARTES

3 ¿Dónde se propuso el levita buscar alojamiento de camino a casa?

_____

_____

Jueces 19:10-12 "Mas el hombre no quiso pasar allí la noche, sino que se levantó y se fue, y llegó hasta enfrente de Jebús, que es Jerusalén, con su par de asnos ensillados, y su concubina. ¹¹Y estando ya junto a Jebús, el día había declinado mucho; y dijo el criado a su señor: Ven ahora, y vámonos a esta ciudad de los jebuseos, para que pasemos en ella la noche. ¹²Y su señor le respondió: No iremos a ninguna ciudad de extranjeros, que no sea de los hijos de Israel, sino que pasaremos hasta Gabaa".

Salmos 1:1 "Bienaventurado el hombre que no anduvo en consejo de malos, ni estuvo en camino de pecadores, ni en silla de escarnecedores se ha sentado".

"En nuestras instituciones, donde muchos trabajan juntos, la influencia de las compañías es muy grande. Es natural buscar compañía. Cada uno hallará compañeros o los hará. Y la intensidad de la amistad determinará la influencia que los amigos ejerzan unos sobre otros, para bien o para mal. Todos tendrán amistades, influirán en ellas y recibirán su influencia.
"Es misterioso el vínculo que une los corazones humanos de manera que los sentimientos, los gustos y los principios de dos per-

sonas quedan íntimamente fusionados. El uno recibe el espíritu del otro y copia sus modales y actos. Como la cera conserva la figura del sello, así la mente retiene la impresión producida por el trato y la asociación con otros. La influencia puede ser inconsciente, mas no por eso es menos poderosa" (*Testimonios para la Iglesia*, tomo 4, pág. 580).

MIÉRCOLES

4. **Aunque eran israelitas y vieron a los viajeros en la plaza, ¿qué se negaron a hacer los habitantes de Gabaa?**

> Jueces 19:13-15 "*Ven, sigamos hasta uno de esos lugares, para pasar la noche en Gabaa o en Ramá. ¹⁴Pasando, pues, caminaron, y se les puso el sol junto a Gabaa que era de Benjamín. ¹⁵Y se apartaron del camino para entrar a pasar allí la noche en Gabaa; y entrando, se sentaron en la plaza de la ciudad, porque no hubo quien los acogiese en casa para pasar la noche*".

"Conozco personas que hacen una elevada profesión de fe, cuyos corazones están tan encasillados en el amor de sí mismos y en el egoísmo, que no pueden apreciar lo que estoy escribiendo. Toda la vida han pensado y vivido sólo para sí mismos. Hacer un sacrificio para beneficiar a los demás, perder algo para que otros puedan ganar, está totalmente fuera de sus planes. No tienen la menor idea de que Dios les pide esto. El yo es su ídolo. Semanas, meses y años preciosos pasan a la eternidad, sin que se registre en el Cielo que hayan realizado actos bondadosos, se hayan sacrificado por el bien de los demás, hayan alimentado al hambriento, vestido al desnudo o recibido en sus casas al forastero. Esto de recibir extraños al azar no es agradable. Si supieran que los que desean participar de su abundancia son dignos de ello, tal vez podrían hacer algo en este sentido. Hay virtud en arriesgarse. Es posible que hospedemos ángeles" (*Testimonios para la Iglesia*, tomo 2, pág. 25).

JUEVES

LA BONDAD DE UN EXTRAÑO

5 ¿Quién en Gabaa vio a los viajeros y se interesó por ellos?

 Jueces 19:16-19 "Y he aquí un hombre viejo que venía de su trabajo del campo al anochecer, el cual era del monte de Efraín, y moraba como forastero en Gabaa; pero los moradores de aquel lugar eran hijos de Benjamín. ¹⁷Y alzando el viejo los ojos, vio a aquel caminante en la plaza de la ciudad, y le dijo: ¿A dónde vas, y de dónde vienes? ¹⁸Y él respondió: Pasamos de Belén de Judá a la parte más remota del monte de Efraín, de donde soy; y había ido a Belén de Judá; mas ahora voy a la casa de Jehová, y no hay quien me reciba en casa. ¹⁹Nosotros tenemos paja y forraje para nuestros asnos, y también tenemos pan y vino para mí y para tu sierva, y para el criado que está con tu siervo; no nos hace falta nada".

"'No olvidéis la hospitalidad, porque por ésta algunos, sin saberlo, hospedaron ángeles.' Hebreos 13:2. Estas palabras no han perdido fuerza con el transcurso del tiempo. Nuestro Padre celestial continúa poniendo en la senda de sus hijos oportunidades que son bendiciones disfrazadas; y aquellos que aprovechan esas oportunidades encuentran mucho gozo. 'Si derramares tu alma al hambriento, y saciares el alma afligida, en las tinieblas nacerá tu luz, y tu oscuridad será como el medio día; y Jehová te pastoreará siempre, y en las sequías hartará tu alma, y engordará tus huesos; y serás como huerta de riego, y como manadero de aguas, cuyas aguas nunca faltan.' Isaías 58:10, 11" (*Profetas y Reyes*, pág. 96).

VIERNES

6. ¿Cómo interactuó el israelita extranjero que vivía en Gabaa con los viajeros?

Jueces 19:20-21 "Y el hombre anciano dijo: Paz sea contigo; tu necesidad toda quede solamente a mi cargo, con tal que no pases la noche en la plaza. ²¹Y los trajo a su casa, y dio de comer a sus asnos; y se lavaron los pies, y comieron y bebieron".

"A sus siervos fieles de hoy dice Cristo: 'El que os recibe a vosotros, a mí recibe; y el que a mí recibe, recibe al que me envió.' Ningún acto de bondad realizado en su nombre dejará de ser reconocido y recompensado. En el mismo tierno reconocimiento incluye Cristo hasta los más humildes y débiles miembros de la familia de Dios. Dice él: 'Cualquiera que diere a uno de estos pequeñitos un vaso de agua fría solamente—a los que son como niños en su fe y conocimiento de Cristo,—en nombre de discípulo, de cierto os digo, que no perderá su recompensa.' Mateo 10:40, 42" (*Profetas y Reyes*, pág. 96).

SÁBADO

EJEMPLOS PARA HOY

7. ¿Por qué las Sagradas Escrituras registraron sucesos así como también los más tristes que se encuentran en el resto de Jueces 19? ¿Qué propósito tienen hoy?

1 Corintios 10:5-8 "Pero de los más de ellos no se agradó Dios; por lo cual quedaron postrados en el desierto. ⁶Mas estas cosas sucedieron como ejemplos para nosotros, para que no codiciemos cosas malas, como ellos codiciaron. ⁷Ni seáis idólatras, como algunos de ellos, según está escrito: Se sentó el pueblo a comer y a beber, y se levantó

a jugar. ⁸Ni forniquemos, como algunos de ellos fornicaron, y cayeron en un día veintitrés mil".

"El Señor ha apartado para sí a los que son piadosos; esta consagración a Dios y separación del mundo se ordena definitivamente tanto en el Antiguo como en el Nuevo Testamento. Existe una muralla de separación que el Señor mismo ha establecido entre las cosas del mundo y las cosas que ha apartado del mundo para sí mismo. La vocación y el carácter del pueblo de Dios son peculiares, sus perspectivas son peculiares, y estas peculiaridades los distinguen de todos los demás pueblos. Todo el pueblo de Dios que se encuentra en el mundo constituye un solo cuerpo, desde el comienzo hasta el final del tiempo. Tienen una sola Cabeza que dirige y gobierna el cuerpo. Las mismas órdenes que se le dieron a Israel antiguo se dan también al pueblo de Dios de la actualidad, que se aparten del mundo. La gran Cabeza de la iglesia no ha cambiado. La experiencia de los cristianos de estos días es semejante a los viajes del Israel antiguo" (*Testimonios para la Iglesia*, tomo 1, pág. 256).

 ESTUDIO ADICIONAL

"Hay huérfanos que deberían ser atendidos; pero algunos no se atreven a emprender esta tarea, porque les daría más trabajo del que quisieran realizar, y les dejaría muy poco tiempo para la complacencia propia. Pero cuando el Rey proceda con su investigación, estas almas que no hacen nada, carentes de generosidad, entonces se darán cuenta de que el Cielo está de parte de los que han sido trabajadores, de los que se han negado a sí mismos por causa de Cristo. No se ha hecho provisión alguna para los que siempre han tenido un cuidado especial en amarse y cuidarse a sí mismos. El terrible castigo con que el Rey amenaza a los que se hallan a su izquierda, en este caso, no tiene por motivo sus grandes crímenes. No se los condena por lo que hicieron, sino por lo que dejaron de hacer. No hicisteis lo que el Cielo os había dicho que hicierais. Os complacisteis a vosotros mismos, y vuestra parte está con los que se complacen a sí mismos" (*Testimonios para la Iglesia*, tomo 2, pág. 25).

LECCIÓN 22

CUANDO EL MAL NO SE CORRIGE

Sábado 31 de mayo, 2025

"El camino es tan estrecho, tan santo, que no puede tolerarse en él el pecado, y sin embargo, el acceso al camino ha sido posibilitado para todos, y ni una sola alma abatida, dudosa y temblorosa necesita decir: 'Dios no se preocupa por mí'. Toda alma es preciosa para su vista. ... Cuando Satanás triunfaba como el príncipe de este mundo, cuando reclamaba este mundo como su reino, cuando estábamos todos manchados y corrompidos por el pecado, Dios mandó a su mensajero desde el cielo: a su Hijo amado para proclamar a todos los habitantes del mundo: 'He encontrado un rescate. He preparado un camino de escape para todos los que perecen. Tengo a vuestra disposición los documentos de vuestra emancipación, sellados por el Señor del cielo y de la tierra'" (*Nuestra Elevada Vocación*, pág. 40).

DOMINGO

1. ¿Qué decidieron hacer los israelitas —once tribus— como resultado de la grave inmoralidad que se cometió en Gabaa, una ciudad en el territorio de Benjamín?

Jueces 20:8-10 "*Entonces todo el pueblo, como un solo hombre, se levantó, y dijeron: Ninguno de nosotros irá a su tienda, ni volverá ninguno de nosotros a su casa. ⁹Mas esto es ahora lo que haremos a Gabaa: contra ella subiremos por sorteo. ¹⁰Tomaremos diez hombres de cada ciento por todas las tribus de Israel,* y ciento de cada mil, y mil de cada diez mil, que lleven víveres para el pueblo, para que yendo a Gabaa de Benjamín le hagan conforme a toda la abominación que ha cometido en Israel".

"Muchos necesitan introducir un cambio decidido en la tónica de sus pensamientos y actos, si quieren complacer a Jesús. Rara vez podemos ver nuestros pecados con el lamentable aspecto con que Dios puede verlos. Muchos se han habituado a seguir una conducta pecaminosa, y sus corazones se han endurecido bajo la influencia del poder de Satanás...
"Pero cuando con la fortaleza y la gracia de Dios asumen una actitud mental contraria a las tentaciones de Satanás, entonces sus mentes se aclaran, sus corazones y conciencias, bajo la influencia del Espíritu de Dios, se sensibilizan, y el pecado aparece tal como es, a saber, excesivamente pecaminoso" (*La Maravillosa Gracia de Dios*, pág. 264).

LUNES

PRIMER INTENTO POR MEDIOS PACÍFICOS

2. No deseando tomar las armas contra toda la tribu de Benjamín, ¿qué pregunta hicieron las once tribus?

Jueces 20:11-13 "Y se juntaron todos los hombres de Israel contra la ciudad, ligados como un solo hombre. ¹²Y las tribus de Israel enviaron varones por toda la tribu de Benjamín, diciendo: ¿Qué maldad es esta que ha sido hecha entre vosotros? ¹³Entregad, pues, ahora a aquellos hombres perversos que están en Gabaa, para que los matemos, y quitemos el mal de Israel. Mas los de Benjamín no quisieron oír la voz de sus hermanos los hijos de Israel".

Isaías 1:18 "Venid luego, dice Jehová, y estemos a cuenta: si vuestros pecados fueren como la grana, como la nieve serán emblanquecidos; si fueren rojos como el carmesí, vendrán a ser como blanca lana".

"Cristo fue manifestado como el Salvador de los hombres. El pueblo no debía confiar en sus propias obras, en su propia justicia, ni en sí mismo de ninguna manera, sino en el Cordero de Dios que quita los pecados del mundo. En Él se reveló el Abogado ante el Padre. Por medio de Él se hizo la invitación: 'Venid ahora y razonemos juntos, dice el Señor: aunque vuestros pecados sean como la grana, como la nieve serán emblanquecidos; Aunque sean rojos como el carmesí, serán como lana'. Esta invitación nos llega hoy en día. No permitamos que el orgullo, la autoestima o la justicia propia impidan a nadie confesar sus pecados, para poder reclamar la promesa: 'El que encubre sus pecados no prosperará; pero el que los confiesa y los abandona tendrá misericordia'. Nada a cambio de Dios, y no descuides la confesión de tus faltas a los hermanos cuando tengan una conexión con ellos" (*Fundamentos de la educación cristiana*, pág. 239).

MARTES

3. ¿Cuán dispuestos estaban los benjamitas a admitir y corregir el mal que se había hecho en Gabaa? ¿Cuáles fueron las consecuencias?

Jueces 20:13-17 "Mas los de Benjamín no quisieron oír la voz de sus hermanos los hijos de Israel, ¹⁴sino que los de Benjamín se juntaron de las ciudades en Gabaa, para salir a pelear contra los hijos de Israel. ¹⁵Y fueron contados en aquel tiempo los hijos de Benjamín de las ciudades, veintiséis mil hombres que sacaban espada, sin los que moraban en Gabaa, que fueron por cuenta setecientos hombres escogidos. ¹⁶De toda aquella gente había setecientos hombres escogidos, que eran zurdos, todos los cuales tiraban una piedra con la honda a un cabello, y no erraban. ¹⁷Y fueron contados los varones de Israel, fuera de Benjamín, cuatrocientos mil hombres que sacaban espada, todos estos hombres de guerra".

"Algunos, que profesan ser justos, llegarán, como Judas, a entregar a su Señor en las manos de sus más acerbos enemigos. Estos seres llenos de confianza en sí mismos y resueltos a poner en práctica su propia voluntad y sus propias ideas, irán de mal en peor, hasta que lleguen a seguir cualquier conducta más bien que renunciar a su voluntad. Avanzarán ciegamente en el camino del mal; pero como los fariseos seducidos, estarán tan engañados que pensarán prestar servicio a Dios. Cristo describió la conducta que seguirá cierta clase de personas cuando tenga oportunidad de desarrollar su verdadero carácter: 'Mas seréis entregados aun de vuestros padres, y hermanos, y parientes, y amigos; y matarán a algunos de vosotros'" (*Testimonios para la Iglesia*, tomo 5, pág. 646).

"Hemos de entregar nuestro corazón a Dios para que pueda renovarnos y santificarnos, y prepararnos para los atrios celestiales. No hemos de esperar que llegue algún tiempo especial, sino que hoy hemos de entregarnos a él, rehusando ser siervos del pecado. ¿Os imagináis que podéis desprenderos del pecado poco a poco? ¡Oh, desprendeos de esa cosa maldita inmediatamente! Aborreced las cosas que aborrece Cristo, amad las cosas que ama Cristo. Por su muerte y sufrimiento, ¿acaso no ha provisto lo necesario para vuestra limpieza del pecado? Cuando comenzamos a comprender que somos pecadores, y caemos sobre la Roca para ser quebrantados, nos rodean los brazos eternos y somos colocados cerca del corazón de Jesús. Entonces seremos cautivados por su belleza y quedaremos disgustados con nuestra propia justicia. Necesitamos acercarnos a los pies de la cruz. Mientras más nos humillemos allí, más excelso nos parecerá el amor de Dios. La gracia y la justicia de Cristo no serán de utilidad para el que se siente sano, para el que piensa que es razonablemente bueno, que está contento con su propia condición. No hay lugar para Cristo en el corazón de aquel que no comprende su necesidad de luz y ayuda divinas" (*Mensajes Selectos*, tomo 1, pág. 384).

MIÉRCOLES

LA TRIBU DE BENJAMÍN OBTUVO UNA VICTORIA PARCIAL

4. Aunque estaban equivocados, ¿qué infligieron repetidamente los benjamitas a los israelitas de las otras tribus?

Jueces 20:20-21, 24-25 "Y salieron los hijos de Israel a combatir contra Benjamín, y los varones de Israel ordenaron la batalla contra ellos junto a Gabaa. ²¹Saliendo entonces de Gabaa los hijos de Benjamín, derribaron por tierra aquel día veintidós mil hombres de los hijos de Israel. ... ²⁴Por lo cual se acercaron los hijos de Israel contra los hijos de Benjamín el segundo día. ²⁵Y aquel segundo día, saliendo Benjamín de Gabaa contra ellos, derribaron por tierra otros dieciocho mil hombres de los hijos de Israel, todos los cuales sacaban espada".

"En la guerra que siguió, durante un tiempo pareció que Satanás tenía ventaja. Podría mentir; Dios no podía mentir. Podía moverse de mil maneras torcidas y engañosas para lograr el objeto deseado; Dios debe seguir el curso sencillo de la verdad y la justicia. Por un tiempo, Satanás triunfó en una aparente victoria. Pero Dios desenmascararía al enemigo y lo revelaría en su verdadero carácter" (*El espíritu de profecía*, vol. 3, pág. 77).

JUEVES

5. ¿Por qué hubo derrotas tan grandes? ¿De dónde vino la iniciativa de hacer la guerra contra los hermanos de la tribu de Benjamín?

Jueces 20:18, 23 "Luego se levantaron los hijos de Israel, y subieron a la casa de Dios y consultaron a Dios, diciendo: ¿Quién subirá de nosotros el primero en la guerra contra los hijos de Benjamín? Y Jehová respondió: Judá será el primero. ... ²³Porque los hijos de Israel subieron y lloraron delante de Jehová hasta la noche, y consultaron a Jehová, diciendo: ¿Volveremos a pelear con los hijos de Benjamín nuestros hermanos? Y Jehová les respondió: Subid contra ellos".

"Examinar la belleza, la bondad, la misericordia y el amor de Jesús es fortalecedor para las facultades mentales y morales, y mientras nuestra mente se mantiene entrenada para realizar las obras de Cristo, con el fin de ser hijos obedientes, habitualmente os preguntaréis ¿es éste el camino del Señor? ¿Le agradará a Jesús que haga esto?" (*La Maravillosa Gracia de Dios*, pág. 26).

VIERNES

CONSULTANDO NUEVAMENTE AL SEÑOR

6 ¿Qué hicieron los israelitas después de ser derrotados dos veces?

Jueces 20:26-28 "Entonces subieron todos los hijos de Israel, y todo el pueblo, y vinieron a la casa de Dios; y lloraron, y se sentaron allí en presencia de Jehová, y ayunaron aquel día hasta la noche; y ofrecieron holocaustos y ofrendas de paz delante de Jehová. ²⁷Y los hijos de Israel preguntaron a Jehová (pues el arca del pacto de Dios estaba allí en aquellos días, ²⁸y Finees hijo de Eleazar, hijo de Aarón, ministraba delante de ella en aquellos días), y dijeron: ¿Volveremos aún a salir contra los hijos de Benjamín nuestros hermanos, para pelear, o desistiremos? Y Jehová dijo: Subid, porque mañana yo os los entregaré".

"Cuando alguien que profesa servir a Dios perjudica a un hermano suyo, calumnia el carácter de Dios ante ese hermano, y para reconciliarse con Dios debe confesar el daño causado y reconocer su pecado. Puede ser que nuestro hermano nos haya causado un perjuicio aún más grave que el que nosotros le produjimos, pero esto no disminuye nuestra responsabilidad. Si cuando nos presentamos ante Dios recordamos que otra persona tiene algo contra nosotros, debemos dejar nuestra ofrenda de oración, gratitud o buena voluntad, e ir al hermano con quien discrepamos y confesar humildemente nuestro pecado y pedir perdón" (*El Discurso Maestro de Jesucristo*, pág. 53).

📅 SÁBADO

7. ¿Qué resultó del conflicto entre las once tribus y Benjamín? ¿Qué lección para hoy hay en esta historia?

_____

_____

_____

📖 Jueces 20:34-36 "Y vinieron contra Gabaa diez mil hombres escogidos de todo Israel, y la batalla arreciaba; mas ellos no sabían que ya el desastre se acercaba a ellos. ³⁵Y derrotó Jehová a Benjamín delante de Israel; y mataron los hijos de Israel aquel día a veinticinco mil cien hombres de Benjamín, todos los cuales sacaban espada. ³⁶Y vieron los hijos de Benjamín que eran derrotados ...".

📖 Deuteronomio 32:30 "¿Cómo podría perseguir uno a mil, y dos hacer huir a diez mil, si su Roca no los hubiese vendido, y Jehová no los hubiera entregado?".

📖 1 Samuel 14:6, última parte "... Quizá haga algo Jehová por nosotros, pues no es difícil para Jehová salvar con muchos o con pocos".

"Cada acto de obediencia a Cristo, cada acto de abnegación por él, cada prueba bien soportada, cada victoria lograda sobre la tentación, es un paso adelante en la marcha hacia la gloria de la victoria final. Si aceptamos a Cristo por guía, él nos conducirá en forma segura. El mayor de los pecadores no tiene por qué perder el camino. Ni uno solo de los que temblando lo buscan ha de verse privado de andar en luz pura y santa. Aunque la senda es tan estrecha y tan santa que no puede tolerarse pecado en ella, todos pueden alcanzarla y ningún alma dudosa y vacilante necesita decir: 'Dios no se interesa en mí'..." (*La Maravillosa Gracia de Dios*, pág. 264).

NOTAS

 ESTUDIO ADICIONAL

"No os conforméis con asentir a la verdad solamente, dejando de ser hacedores de las palabras de Cristo. La verdad debe aplicarse al yo; debe conducir a los hombres y las mujeres que la reciben, hacia la Roca, para que caigan sobre la Roca y sean quebrantados. Entonces Jesús puede modelar sus caracteres según su propio carácter divino. Si queremos escuchar su voz, deberemos dejar que el silencio reine en el corazón. Las exigencias del yo, sus prentensiones, sus concupiscencias, deben ser rechazadas, y debemos colocarnos la ropa de la humildad y tomar nuestro lugar como humildes alumnos en la escuela de Cristo" (*Nuestra Elevada Vocación*, pág. 39).

"La verdad es eficiente sólo cuando se lleva a cabo en la vida práctica. Si la palabra de Dios condena algún hábito que has tenido, un sentimiento que has acariciado, un espíritu que has manifestado, no te apartes de la palabra de Dios, sino apártate de la maldad de tus obras, y deja que Jesús limpie y santifique tu corazón. Confiesa tus faltas y abandónalas....

"Vivimos en los últimos días, cuando se acepta y se cree el error de carácter más engañoso, mientras que se descarta la verdad. Muchos están cayendo en la oscuridad y la infidelidad, encontrando fallas en la Biblia, introduciendo inventos supersticiosos, teorías no bíblicas y especulaciones de filosofía vana; pero es deber de todos buscar un conocimiento profundo de las Escrituras" (*Our High Calling*, pág. 37).

LECCIÓN 23

EXCESO Y ARREPENTIMIENTO

Sábado 7 de Junio, 2025

"Ni una sola vez debería permitirse que los sentimientos dominen sobre el juicio. Existe el peligro de excederse en lo que es lícito, y lo que es ilícito ciertamente conducirá hacia sendas falsas. Si no se efectúa una obra cuidadosa, ferviente y sensata, sólida como una roca, en lo que atañe a la promoción de cada idea y principio, y en cada nueva presentación, habrá almas que serán arruinadas" (*Mensajes Selectos*, tomo 2, pág. 19).

DOMINGO

1. ¿Fue inspirado y apropiado el voto hecho en Mizpa? ¿Qué remordimiento sintieron los israelitas después de haber ido demasiado lejos en el castigo de los benjamitas?

Jueces 21:1-3 "*Los varones de Israel habían jurado en Mizpa, diciendo: Ninguno de nosotros dará su hija a los de Benjamín por mujer. ²Y vino el pueblo a la casa de Dios, y se estuvieron allí hasta la noche en presencia de Dios; y alzando su voz hicieron gran llanto, y dijeron: ³Oh Jehová Dios de Israel, ¿por qué ha sucedido esto en Israel, que falte hoy de Israel una tribu?*".

"Llevar a los excesos lo legítimo constituye un grave pecado" (*Testimonios para la Iglesia*, tomo 4, pág. 496).
"Satanás estudia todos los indicios de la fragilidad humana, nota los pecados que cada hombre está inclinado a cometer, y cuida

luego de que no falten ocasiones para que las tendencias hacia el mal sean satisfechas. Tienta a los hombres para que se excedan en cosas que son legítimas en sí mismas ... Las multitudes aceptan con avidez las enseñanzas que les dan libertad para obedecer los impulsos carnales" (*El Conflicto de los Siglos*, pág. 543).

"Deberíamos tratar de comprender la flaqueza de los demás. Poco sabemos de las pruebas que soporta el corazón de los que han estado encadenados en las tinieblas, y a quienes faltan resolución y fuerza moral. Por demás de lamentar es la condición del que sufre remordimiento; está como quien, aturdido y tambaleante, se hundiese en el polvo. No puede ver nada con claridad. Tiene el espíritu nublado, no sabe qué pasos dar. Muchos viven sin que nadie los entienda ni los aprecie, llenos de desesperación y de angustia, como pobres ovejas perdidas y descarriadas. No pueden encontrar a Dios, y sin embargo tienen ansias intensas de obtener perdón y paz" (*El Ministerio de Curación*, pág. 125).

LUNES

CUIDADO CON HACER JURAMENTOS

2. En su celo por castigar a los benjamitas, ¿qué juramento hicieron los israelitas? ¿Qué enorme arrepentimiento tuvieron después de causar tantas muertes en la tribu de Benjamín?

 Jueces 21:4-7 "Y al día siguiente el pueblo se levantó de mañana, y edificaron allí altar, y ofrecieron holocaustos y ofrendas de paz. ⁵Y dijeron los hijos de Israel: ¿Quién de todas las tribus de Israel no subió a la reunión delante de Jehová? Porque se había hecho gran juramento contra el que no subiese a Jehová en Mizpa, diciendo: Sufrirá la muerte. ⁶Y los hijos de Israel se arrepintieron a causa de Benjamín su hermano, y dijeron: Cortada es hoy de Israel una tribu. ⁷¿Qué haremos en cuanto a mujeres para los que han quedado? Nosotros hemos jurado por Jehová que no les daremos nuestras hijas por mujeres".

"Vi que algunos de los hijos de Dios han cometido un error con respecto a los juramentos, y Satanás se ha aprovechado de esto para oprimirlos y sacarles el dinero de su Señor. Vi que las palabras de nuestro Señor: 'No juréis en ninguna manera' (Mateo 5:34), no se aplican al juramento judicial. 'Sea vuestro hablar: Sí, sí; No, no; porque lo que es más de esto, de mal procede' Mateo 5:37. Esto se refiere a la conversación común. Algunos usan un lenguaje exagerado. Unos juran por su vida; otros por su cabeza, o declaran que están tan seguros de algo como de que viven, o de que tienen cabeza. Algunos toman el cielo y la tierra como testigos de que ciertas cosas son como ellos dicen. Algunos incitan a Dios a que les quite la vida si lo que dicen no es verdad. Contra esta clase de juramento común amonesta Jesús a sus discípulos" (*Testimonios para la Iglesia*, tomo 1, pág. 185).

MARTES

3. **¿Qué otra orden arbitraria e injusta impuso la asamblea? Si lamentaban cómo habían procedido contra los benjamitas, ¿cómo podrían justificar ahora comportarse de manera similar contra los habitantes de Jabes-galaad?**

Jueces 21:8-11 "Y dijeron: ¿Hay alguno de las tribus de Israel que no haya subido a Jehová en Mizpa? Y hallaron que ninguno de Jabes-galaad había venido al campamento, a la reunión. ⁹Porque fue contado el pueblo, y no hubo allí varón de los moradores de Jabes-galaad. ¹⁰Entonces la congregación envió allá a doce mil hombres de los más valientes, y les mandaron, diciendo: Id y herid a filo de espada a los moradores de Jabes-galaad, con las mujeres y niños. ¹¹Pero haréis de esta manera: mataréis a todo varón, y a toda mujer que haya conocido ayuntamiento de varón".

"Se necesitan hombres cuyo sentido de la justicia, aun en los asuntos más pequeños, no les permita emplear su tiempo en forma descuidada e incorrecta; hombres que comprendan que están manejando recursos que pertenecen a Dios, y que no se apropiarían injustamente de un centavo para su propio uso; hombres que serán justos como también fieles y exactos, cuidadosos y diligentes en su trabajo, tanto en la ausencia de su empleador como en su presencia, probando por su fidelidad que no son meramente siervos que agradan a los hombres y atienden fielmente su deber sólo cuando son observados, sino que son trabajadores concienzudos, fieles, íntegros, que hacen lo recto, no para recibir la alabanza humana, sino porque aman y escogen lo correcto movidos por un alto sentido de su obligación para con Dios" (*Testimonios para la Iglesia*, tomo 3, pág. 32).

MIÉRCOLES

PENSAMIENTO HUMANO

4. ¿A qué recurrieron ahora los israelitas en el intento de reparar el daño hecho? ¿Cuál fue la causa de la división entre ellos y la tribu de Benjamín?

Jueces 21:12-15 "Y hallaron de los moradores de Jabes-galaad cuatrocientas doncellas que no habían conocido ayuntamiento de varón, y las trajeron al campamento en Silo, que está en la tierra de Canaán. 13Toda la congregación envió luego a hablar a los hijos de Benjamín que estaban en la peña de Rimón, y los llamaron en paz. 14Y volvieron entonces los de Benjamín, y les dieron por mujeres las que habían guardado vivas de las mujeres de Jabes-galaad; mas no les bastaron estas. 15Y el pueblo tuvo compasión de Benjamín, porque Jehová había abierto una brecha entre las tribus de Israel".

"Ningún invento humano puede hallar un remedio para el alma pecaminosa. 'La intención de la carne es enemistad contra Dios; porque no se sujeta a la ley de Dios, ni tampoco puede.' 'Del corazón salen los malos pensamientos, muertes, adulterios, fornicaciones, hurtos, falsos testimonios, blasfemias.' La fuente del corazón debe ser purificada antes que los raudales puedan ser puros. El que está tratando de alcanzar el cielo por sus propias obras observando la ley, está intentando lo imposible. No hay seguridad para el que tenga sólo una religión legal, sólo una forma de la piedad. La vida del cristiano no es una modificación o mejora de la antigua, sino una transformación de la naturaleza. Se produce una muerte al yo y al pecado, y una vida enteramente nueva. Este cambio puede ser efectuado únicamente por la obra eficaz del Espíritu Santo" (*El Deseado de Todas las Gentes*, pág. 143).

JUEVES

5. ¿Qué se propuso para remediar el mal cometido, así como mantener el juramento anterior?

Jueces 21:16-19 "Entonces los ancianos de la congregación dijeron: ¿Qué haremos respecto de mujeres para los que han quedado? Porque fueron muertas las mujeres de Benjamín. ¹⁷Y dijeron: Tenga Benjamín herencia en los que han escapado, y no sea exterminada una tribu de Israel. ¹⁸Pero nosotros no les podemos dar mujeres de nuestras hijas, porque los hijos de Israel han jurado diciendo: Maldito el que diere mujer a los benjamitas. ¹⁹Ahora bien, dijeron, he aquí cada año hay fiesta solemne de Jehová en Silo, que está al norte de Bet-el, y al lado oriental del camino que sube de Bet-el a Siquem, y al sur de Lebona".

"Los judíos entendían que el tercer mandamiento prohibía el uso profano del nombre de Dios; pero se creían libres para pronunciar otros juramentos. Prestar juramento era común entre ellos. Por medio de Moisés se les prohibió jurar en falso; pero tenían muchos artificios para librarse de la obligación que entraña un juramento.

No temían incurrir en lo que era realmente blasfemia ni les atemorizaba el perjurio, siempre que estuviera disfrazado por algún subterfugio técnico que les permitiera eludir la ley" (*El Discurso Maestro de Jesucristo*, pág. 59).

VIERNES

RESOLVER UN ERROR COMETIENDO OTRO

6 ¿Es correcto intentar obtener esposa mediante el secuestro? ¿Qué se podía ver en el razonamiento de los israelitas?

_____

_____

🔖 Jueces 21:20-22 "Y mandaron a los hijos de Benjamín, diciendo: Id, y poned emboscadas en las viñas, ²¹y estad atentos; y cuando veáis salir a las hijas de Silo a bailar en corros, salid de las viñas, y arrebatad cada uno mujer para sí de las hijas de Silo, e idos a tierra de Benjamín. ²²Y si vinieren los padres de ellas o sus hermanos a demandárnoslas, nosotros les diremos: Hacednos la merced de concedérnoslas, pues que nosotros en la guerra no tomamos mujeres para todos; además, no sois vosotros los que se las disteis, para que ahora seáis culpados".

"La mejor forma de tratar con el error es presentar la verdad, y permitir que las ideas descabelladas mueran por falta de atención. Contrastada con la verdad, la debilidad del error resulta clara para toda persona inteligente. Cuanto más se repitan los asertos erróneos de los opositores, y de los que se levantan de entre nosotros para engañar a las almas, tanto mejor se sirve la causa del error. Mientras mayor sea la publicidad que se dé a las sugestiones de Satanás, tanto más se agradará a su majestad satánica, porque los corazones no santificados estarán preparados para recibir la escoria que él les proporciona. Tendremos que hacer frente a dificultades de este orden. Habrá hombres que harán un mundo de un átomo y un átomo de un mundo" (*Testimonios para los Ministros*, pág. 165).

SÁBADO

7. ¿Qué se pudo ver en toda esta cuestionable manipulación humana? ¿Qué amarga declaración se hizo al final del libro de Jueces?

Jueces 21:23-25 "Y los hijos de Benjamín lo hicieron así; y tomaron mujeres conforme a su número, robándolas de entre las que danzaban; y se fueron, y volvieron a su heredad, y reedificaron las ciudades, y habitaron en ellas. ²⁴Entonces los hijos de Israel se fueron también de allí, cada uno a su tribu y a su familia, saliendo de allí cada uno a su heredad. ²⁵En estos días no había rey en Israel; cada uno hacía lo que bien le parecía".

"No puede esperarse que la gente vea en seguida las ventajas de la verdad sobre el error que han acariciado. La mejor manera de exponer la falacia del error es presentar las evidencias de la verdad. Este es el más grande reproche que puede hacerse contra el error. Despejad las nubes de tinieblas que descansan sobre las mentes, reflejando la brillante luz del Sol de justicia" (*Evangelismo*, pág. 128).

ESTUDIO ADICIONAL

"Nunca olvidéis que dependeis completamente de Dios; y si pasáis una hora o un momento sin depender de su gracia, sin conservar el corazón abierto para recibir la sabiduría que no es de la tierra, estando seguros de que sin Cristo no podéis hacer nada, os veréis incapacitados para distinguir entre el fuego común y el fuego sagrado. Palabras de un carácter completamente prohibido saldrán de vuestros labios para destruir la esperanza, el valor y la fe. Así está escrito en los libros del cielo: Tus palabras no han sido inspiradas por Dios, sino por el enemigo que hirió a Cristo en la persona de su posesión adquirida. Almas de un valor infinito fueron tratadas en forma indiferente y desconsiderada, dejadas para luchar bajo la tentación, y colocadas a la fuerza en el campo de batalla de Satanás" (*Testimonios para los Ministros*, pág. 350).

"'Haz esto, y vivirás,' dijo Jesús. Presentó la ley como una unidad divina, enseñando así que es imposible guardar un precepto y quebrantar otro; porque el mismo principio corre por todos ellos. El destino del hombre será determinado por su obediencia a toda la ley. El amor supremo a Dios y el amor imparcial al hombre son los principios que deben practicarse en la vida" (*El Deseado de Todas las Gentes*, pág. 461).

LECCIÓN 24

LA HISTORIA DE RUT

Sábado 14 de junio, 2025

"Los hijos de Israel habían de ocupar todo el territorio que Dios les había señalado. Habían de ser desposeídas las naciones que rechazaran el culto y el servicio al verdadero Dios. Pero el propósito de Dios era que por la revelación de su carácter mediante Israel, los hombres fueran atraídos a él. A todo el mundo se le dio la invitación del Evangelio. Por medio de la enseñanza del sistema de sacrificios, Cristo había de ser levantado delante de las naciones, y habían de vivir todos los que lo miraran. Todos los que, como Rahab la cananea, y Rut la moabita, se volvieran de la idolatría al culto del verdadero Dios, habían de unirse con el pueblo escogido. A medida que aumentara el número de los israelitas, éstos habían de ensanchar sus fronteras, hasta que su reino abarcara el mundo" (*Palabras de Vida del Gran Maestro*, pág. 232).

DOMINGO

1 ¿Qué experiencia registrada en el libro de Rut ocurrió en el tiempo de los jueces? Después que la familia se mudó a Moab para sobrevivir a la hambruna, ¿qué pasó con Elimelec, el esposo de Noemí?

> Rut 1:1-3 "Aconteció en los días que gobernaban los jueces, que hubo hambre en la tierra. Y un varón de Belén de Judá fue a morar en los campos de Moab, él y su mujer, y dos hijos suyos. ²El nombre de aquel varón era Elimelec, y el de su mujer, Noemí; y los nombres de sus hijos eran Mahlón y Quelión, efrateos de Belén de Judá. Llegaron,

LA OBRA DE DIOS A TRAVÉS DE LOS JUECES 175

pues, a los campos de Moab, y se quedaron allí. ³Y murió Elimelec, marido de Noemí, y quedó ella con sus dos hijos".

"No hay excusa para los cristianos al permitir que los clamores de las viudas y las oraciones de los huérfanos asciendan al cielo debido a sus necesidades apremiantes al paso que una Providencia liberal ha colocado en las manos de esos cristianos abundantes medios para suplir sus necesidades. Que los clamores de las viudas y los huérfanos no hagan descender la venganza del cielo sobre nosotros como pueblo. En el mundo que profesa ser cristiano, hay suficiente que se gasta en ostentación extravagante, en joyas y adornos, para suplir las necesidades de todos los hambrientos y vestir a los desnudos de nuestras ciudades y pueblos; y sin embargo esos profesos seguidores del manso y humilde Jesús no necesitan privarse de alimento adecuado y cómodos vestidos. ¿Qué dirán esos miembros de iglesia cuando tengan que hacer frente en el día de Dios a los pobres dignos, los afligidos, las viudas y los huérfanos, que han conocido la necesidad apremiante de lo más indispensable para la vida, mientras los profesos seguidores de Cristo gastaban en vestidos superfluos y adornos innecesarios, expresamente prohibidos en la Palabra de Dios, lo que hubiera sido suficiente para suplir todas esas necesidades?" (*The Review and Herald*, 21 de noviembre de 1878).

LUNES

LOS MATRIMONIOS Y MUERTE DE LOS HIJOS

2. ¿Qué pasó con los dos hijos de Noemí, Mahlón y Quilión? ¿Cuán devastadores deben haber sido estos hechos para Noemí y sus dos nueras?

Rut 1:4-5 *"Los cuales tomaron para sí mujeres moabitas; el nombre de una era Orfa, y el nombre de la otra, Rut; y habitaron allí unos diez años. ⁵Y murieron también los dos, Mahlón y Quelión, quedando así la mujer desamparada de sus dos hijos y de su marido".*

"Al orar: 'El pan nuestro de cada día, dánoslo hoy', pedimos para los demás tanto como para nosotros mismos. Reconocemos que lo que Dios nos da no es para nosotros solos. Dios nos lo confía para que alimentemos a los hambrientos. De su bondad ha hecho provisión para el pobre. Dice: 'Cuando hagas comida o cena, no llames a tus amigos, ni a tus hermanos, ni a tus parientes, ni a vecinos ricos... Mas cuando hagas banquete, llama a los pobres, los mancos, los cojos y los ciegos; y serás bienaventurado; porque ellos no te pueden recompensar, pero te será recompensado en la resurrección de los justos'" (*El Discurso Maestro de Jesucristo,* pág. 95).

MARTES

3 Al enterarse que el hambre en Canaán había terminado, ¿qué decisión tomó Noemí? ¿Qué aconsejó a sus nueras que hicieran?

Rut 1:6-8 "Entonces se levantó con sus nueras, y regresó de los campos de Moab; porque oyó en el campo de Moab que Jehová había visitado a su pueblo para darles pan. ⁷Salió, pues, del lugar donde había estado, y con ella sus dos nueras, y comenzaron a caminar para volverse a la tierra de Judá. ⁸Y Noemí dijo a sus dos nueras: Andad, volveos cada una a la casa de su madre; Jehová haga con vosotras misericordia, como la habéis hecho con los muertos y conmigo".

"Los esfuerzos individuales, constantes y concertados producirán la recompensa del éxito. Los que desean llevar a cabo una gran cantidad de bien en nuestro mundo, deben estar dispuestos a hacerlo siguiendo el método de Dios de hacer cosas pequeñas. El que desea alcanzar las alturas más encumbradas de las realizaciones llevando a cabo cosas grandes y maravillosas, fracasará y no podrá hacer nada.

"El firme progreso en una buena obra, la repetición frecuente de un servicio fiel, tiene más valor a la vista de Dios que la ejecución de una obra grandiosa, y gana una buena fama para sus hijos y da firmeza a sus esfuerzos. Los que son fieles y leales a sus deberes designados divinamente no son inestables sino que manifiestan firmeza en sus propósitos y avanzan cuando las circunstancias son desfavorables como cuando son favorables. En todo momento están preparados" (*El Evangelismo*, pág. 242).

MIÉRCOLES

LA NOBLE ELECCIÓN DE RUT

4. **¿Cómo respondió Rut al consejo de Noemí? ¿Cuál fue su decisión?**

Rut 1:15-18 "Y Noemí dijo: He aquí tu cuñada se ha vuelto a su pueblo y a sus dioses; vuélvete tú tras ella. [16]Respondió Rut: No me ruegues que te deje, y me aparte de ti; porque a dondequiera que tú fueres, iré yo, y dondequiera que vivieres, viviré. Tu pueblo será mi pueblo, y tu Dios mi Dios. [17]Donde tú murieres, moriré yo, y allí seré sepultada; así me haga Jehová, y aun me añada, que solo la muerte hará separación entre nosotras dos. [18]Y viendo Noemí que estaba tan resuelta a ir con ella, no dijo más".

"Así se le dio a Salomón y a su pueblo la más maravillosa oportunidad de revelar el carácter del Dios verdadero con tanta claridad que los hombres de todas las naciones aprenderían a reverenciar y obedecer al Rey de reyes. A todo el mundo se le debía dar la invitación del evangelio. Mediante la enseñanza del servicio sacrificial, Cristo sería elevado ante las naciones, y todos los que quisieran mirarlo vivirían. Todos los que, como Rahab la cananea y Rut la moabita, se apartaron de la idolatría y pasaron a la adoración del Dios verdadero, debían unirse con su pueblo escogido. A medida que el número de Israel aumentaba, debían ampliar sus fronteras, hasta que su reino abarcara al mundo" (*Review and Herald*, 25 de enero de 1906).

📅 JUEVES

5. ¿Qué tuvo que hacer Rut para sobrevivir después que ella y su suegra llegaron a Israel sin recursos? ¿A qué campo fue a espigar?

📖 Rut 2:1-3 *"Tenía Noemí un pariente de su marido, hombre rico de la familia de Elimelec, el cual se llamaba Booz. ²Y Rut la moabita dijo a Noemí: Te ruego que me dejes ir al campo, y recogeré espigas en pos de aquel a cuyos ojos hallare gracia. Y ella le respondió: Ve, hija mía. ³Fue, pues, y llegando, espigó en el campo en pos de los segadores; y aconteció que aquella parte del campo era de Booz, el cual era de la familia de Elimelec".*

"En la antigüedad, Abrahán, Isaac, Jacob y Moisés, con su humildad y sabiduría, y Josué con sus diversos dones, fueron todos empleados en el servicio de Dios. La música de María, el valor y la piedad de Débora, el afecto filial de Rut, la obediencia y fidelidad de Samuel, la firme fidelidad de Elías, la suavizadora y subyugadora influencia de Eliseo, todas estas cualidades se necesitaron. Así también ahora, todos aquellos a quienes Dios ha prodigado sus bendiciones, han de responder con un servicio verdadero; ha de emplearse cada don para el adelanto de su reino y la gloria de su nombre" (*Palabras de Vida del Gran Maestro*, pág. 242).

📅 VIERNES

6. ¿Qué permiso pidió Rut? Cuando llegó Booz, el dueño del campo, le preguntó al criado quién era y después de oír hablar de ella, ¿qué le dijo Booz?

📖 Rut 2:4-8 *"Y he aquí que Booz vino de Belén, y dijo a los segadores: Jehová sea con vosotros. Y ellos respondieron: Jehová te bendiga. ⁵Y Booz dijo a su criado el mayordomo de los segadores: ¿De quién es esta joven? ⁶Y el criado, mayordomo de los*

LA OBRA DE DIOS A TRAVÉS DE LOS JUECES

segadores, respondió y dijo: Es la joven moabita que volvió con Noemí de los campos de Moab; ⁷y ha dicho: Te ruego que me dejes recoger y juntar tras los segadores entre las gavillas. Entró, pues, y está desde por la mañana hasta ahora, sin descansar ni aun por un momento. ⁸Entonces Booz dijo a Rut: Oye, hija mía, no vayas a espigar a otro campo, ni pases de aquí; y aquí estarás junto a mis criadas".

"La Biblia es una revelación de la voluntad divina y el propósito de Dios. Aquellos que siguen sus enseñanzas son hacedores de las palabras de Cristo, y por este medio aportan madera sólida a la edificación de su carácter. Prestemos atención a las palabras de inspiración, que nos exhortan a 'ser compasivos, ser corteses'. Booz representaba el carácter del caballero cristiano. Al igual que Abraham, ordenó a su casa después de él que guardara el camino del Señor para hacer justicia y juicio. Mostró cortesía a todos sus siervos y, al pasar entre sus trabajadores en el campo, dijo a los segadores: 'El Señor esté con vosotros. Y ellos le respondieron: El Señor te bendiga'. Aquí hay una lección tanto para amos como para sirvientes, para empleadores y empleados. Los siervos se fortalecen en sus corazones para obrar con rectitud, para ser fieles a los amos que manifiestan respetuosa bondad y cortesía hacia ellos. Los cristianos deberían ser las personas más corteses del mundo" (*The Home Missionary*, 1 de diciembre de 1894).

SÁBADO

BENDITO MATRIMONIO CON BOOZ

7. ¿Cómo fue bendecida Rut y su suegra? ¿A qué linaje real pertenecía ella, aunque era extranjera de Moab?

Rut 4:13-17 *"Booz, pues, tomó a Rut, y ella fue su mujer; y se llegó a ella, y Jehová le dio que concibiese y diese a luz un hijo. ¹⁴Y las mujeres decían a Noemí: Loado sea Jehová, que hizo que no te faltase hoy pariente, cuyo nombre será celebrado en Israel; ¹⁵el cual será restaurador de tu alma, y sustentará tu vejez; pues tu nuera, que te ama, lo ha dado a luz; y ella es de más valor para ti que siete hijos. ⁱ⁶Y tomando Noemí el hijo, lo puso en su regazo, y fue su aya. ⁱ⁷Y le dieron nombre las vecinas, diciendo: Le ha nacido un hijo a Noemí; y lo llamaron Obed. Este es padre de Isaí, padre de David".*

"Isaac fue sumamente honrado por Dios, al ser hecho heredero de las promesas por las cuales sería bendecida la tierra; sin embargo a la edad de cuarenta años, se sometió al juicio de su padre cuando envió a un servidor experto y piadoso a buscarle esposa. Y el resultado de este casamiento, que nos es presentado en las Escrituras, es un tierno y hermoso cuadro de la felicidad doméstica: 'E introdújola Isaac a la tienda de su madre Sara, y tomó a Rebeca por mujer; y amóla: y consolóse Isaac después de la muerte de su madre'" (*Conflicto y Valor*, pág. 58).

ESTUDIO ADICIONAL

"Dios no dará su Espíritu a los que no usarán el don celestial. Pero los que se apartan de sí mismos buscando iluminar, animar y bendecir a otros tendrán capacidad y energía multiplicadas para impartir. Cuanto más luz entregan más reciben" (*Reflejemos a Jesús*, pág. 311).

LECCIÓN 25

Sábado 21 de junio, 2025

ELÍ– SACERDOTE Y JUEZ

"Elí había cometido un grave error al permitir que sus hijos asumieran los cargos sagrados. Al disculpar la conducta de ellos con este o aquel pretexto, quedó ciego con respecto a sus pecados; pero por último llegaron a tal punto que ya no pudo desviar más los ojos de los delitos de sus hijos. El pueblo se quejaba de sus actos de violencia, y el sumo sacerdote sintió pesar y angustia. No se atrevió a callar por más tiempo. Pero sus hijos se habían criado pensando únicamente en sí mismos, y ahora no respetaban a nadie. Veían la angustia de su padre, pero sus corazones endurecidos no se conmovían. Oían sus benignas amonestaciones, pero no se dejaban impresionar, ni quisieron cambiar su mal camino cuando fueron advertidos de las consecuencias de su pecado. Si Elí hubiera tratado con justicia a sus hijos impíos, habrían sido destituidos del sacerdocio y castigados con la muerte. Temiendo deshonrarlos así públicamente y condenarlos, los mantuvo en los puestos más sagrados y de más responsabilidad. Siguió permitiéndoles que mezclaran su corrupción con el santo servicio de Dios, y que infligieran a la causa de la verdad un perjuicio que muchos años no podrían borrar. Pero cuando el juez de Israel descuidó su obra, Dios se hizo cargo de la situación" (*Patriarcas y Profetas*, pág. 563).

DOMINGO

1. ¿Quién era el sacerdote que ministraba en la casa de Dios cuando nació Samuel?

1 Samuel 1:9, última parte "... *El sacerdote Elí estaba sentado en una silla junto a un pilar del templo de Jehová*".

"Samuel había sido puesto bajo el cuidado de Elí, y la amabilidad de su carácter conquistó el cálido afecto del anciano sacerdote. Era bondadoso, generoso, obediente y respetuoso. Elí, apenado por la conducta de sus hijos, encontraba reposo, consuelo y bendición en la presencia de su pupilo. Samuel era servicial y afectuoso, y ningún padre amó jamás a un hijo más tiernamente que Elí a este joven. Era algo singular que entre el principal magistrado de la nación y un niño sencillo existiera tan cálido afecto. A medida que los achaques de la vejez le sobrevenían a Elí, y lo abrumaba la ansiedad y el remordimiento por la conducta disipada de sus propios hijos, buscaba consuelo en Samuel" (*Patriarcas y Profetas*, pág. 557).

LUNES

2. Cuando el sacerdote supo del gran deseo y dolor de Ana, ¿qué bendición pronunció?

1 Samuel 1:17 *"Elí respondió y dijo: Ve en paz, y el Dios de Israel te otorgue la petición que le has hecho".*

"Llena de dolor y sorprendida, Ana le contestó suavemente: 'No, señor mío; yo soy una mujer atribulada de espíritu; no he bebido vino ni sidra, sino que he derramado mi alma delante de Jehová. No tengas a tu sierva por una mujer impía; porque por la magnitud de mis congojas y de mi aflicción he hablado hasta ahora'.
"El sumo sacerdote se conmovió profundamente, porque era hombre de Dios; y en lugar de continuar reprendiéndola, pronunció una bendición sobre ella: 'Ve en paz, y el Dios de Israel te otorgue la petición que le has hecho'" (*Hijas de Dios*, pág. 37).

MARTES

3. ¿Qué noticias le dio Ana a Elí cuando fue al santuario la próxima vez? ¿Qué bendición pronunció el sacerdote sobre Elcana y su esposa?

1 Samuel 1:26-28; 2:20 "Y ella dijo: ¡Oh, señor mío! Vive tu alma, señor mío, yo soy aquella mujer que estuvo aquí junto a ti orando a Jehová. ²⁷Por este niño oraba, y Jehová me dio lo que le pedí. ²⁸Yo, pues, lo dedico también a Jehová; todos los días que viva, será de Jehová. Y adoró allí a Jehová. ²:²⁰Y Elí bendijo a Elcana y a su mujer, diciendo: Jehová te dé hijos de esta mujer en lugar del que pidió a Jehová. Y se volvieron a su casa".

"Ana oró y confió; y en su hijo Samuel le dio al Israel de Dios un tesoro preciosísimo, hombre útil, de un carácter bien formado, uno que en cuanto a principios se refiera era firme como una roca" (*Testimonios para la Iglesia*, tomo 5, pág. 283).

"A todos se les da oportunidad de desarrollar el carácter. Todos pueden ocupar sus puestos señalados en el gran plan de Dios. El Señor aceptó a Samuel desde su infancia porque su corazón era puro. Había sido dado a Dios como ofrenda consagrada, y el Señor hizo de él un conducto de luz. Si los jóvenes de hoy quieren consagrarse como fue consagrado Samuel, el Señor los aceptará y los empleará en su obra. Acerca de su vida podrán decir con el salmista: 'Oh Dios, me enseñaste desde mi juventud, y hasta ahora he manifestado tus maravillas'. Salmos 71:17" (*Consejos para los Maestros*, pág. 523).

MIÉRCOLES

ELÍ Y SUS HIJOS

4. Lamentablemente, ¿qué registran las Escrituras acerca de los hijos de Elí? ¿Qué represión les dio cuando supo de sus malas acciones?

_____

_____

📖 1 Samuel 2:22-25 "Pero Elí era muy viejo; y oía de todo lo que sus hijos hacían con todo Israel, y cómo dormían con las mujeres que velaban a la puerta del tabernáculo de reunión. ²³Y les dijo: ¿Por qué hacéis cosas semejantes? Porque yo oigo de todo este pueblo vuestros malos procederes. ²⁴No, hijos míos, porque no es buena fama la que yo oigo; pues hacéis pecar al pueblo de Jehová. ²⁵Si pecare el hombre contra el hombre, los jueces le juzgarán; mas si alguno pecare contra Jehová, ¿quién rogará por él? Pero ellos no oyeron la voz de su padre, porque Jehová había resuelto hacerlos morir".

"Los hijos de Elí, en lugar de reconocer la solemnidad de este servicio simbólico, solo pensaban en cómo hacer de él un medio de satisfacer sus propios deseos. No se contentaban con la parte de las ofrendas de gracias que se les destinaba, y exigían una porción adicional; y el gran número de estos sacrificios que se presentaban en las fiestas anuales daba a los sacerdotes oportunidad de enriquecerse a costa del pueblo. No solo exigían más de lo que lícitamente les correspondía, sino que hasta se negaban a esperar que la grasa se quemara como ofrenda a Dios. Persistían en exigir cualquier porción que les agradara, y si les era negada, amenazaban con tomarla por la fuerza" (*Patriarcas y Profetas*, pág. 562).

LA OBRA DE DIOS A TRAVÉS DE LOS JUECES 185

JUEVES

5. ¿Qué éxito tuvo Elí en contener a sus hijos y corregir su conducta?

1 Samuel 3:13 *"Y le mostraré que yo juzgaré su casa para siempre, por la iniquidad que él sabe; porque sus hijos han blasfemado a Dios, y él no los ha estorbado".*

"El sacerdote y juez de Israel no había sido dejado en las tinieblas con respecto a la obligación de refrenar y disciplinar a los hijos que Dios había confiado a su cuidado. Pero Elí se sustrajo a estas obligaciones, porque significaban contrariar la voluntad de sus hijos, y le imponían la necesidad de castigarlos y de negarles ciertas cosas. Sin pesar las consecuencias terribles de su proceder, satisfizo todos los deseos de sus hijos, y descuidó la obra de prepararlos para el servicio de Dios y los deberes de la vida. ... Pero Elí permitió que sus hijos lo dominaran a él. El padre se sometió a los hijos. La maldición de la transgresión era aparente en la corrupción y la impiedad que distinguían la conducta de sus hijos. No apreciaban debidamente el carácter de Dios ni la santidad de su ley. El servicio de él era para ellos una cosa común. Desde su niñez se habían acostumbrado al santuario y su servicio; pero en vez de volverse más reverentes, habían perdido todo sentido de su santidad y significado. El padre no había corregido la falta de respeto que manifestaban hacia su propia autoridad, ni había refrenado su irreverencia por los servicios solemnes del santuario; y cuando llegaron a la adultez estaban llenos de los frutos mortíferos del escepticismo y la rebelión" (*Patriarcas y Profetas*, págs. 561-562).

VIERNES

6 Dado que los hijos de Elí rechazaron la reprensión de su padre y él no tuvo la capacidad de influenciarlos y corregirlos, ¿qué profecía le dio el Señor al anciano sacerdote?

_____

_____

📖 1 Samuel 2:30-34 *"Por tanto, Jehová el Dios de Israel dice: Yo había dicho que tu casa y la casa de tu padre andarían delante de mí perpetuamente; mas ahora ha dicho Jehová: Nunca yo tal haga, porque yo honraré a los que me honran, y los que me desprecian serán tenidos en poco. ³¹He aquí, vienen días en que cortaré tu brazo y el brazo de la casa de tu padre, de modo que no haya anciano en tu casa. ³²Verás tu casa humillada, mientras Dios colma de bienes a Israel; y en ningún tiempo habrá anciano en tu casa. ³³El varón de los tuyos que yo no corte de mi altar, será para consumir tus ojos y llenar tu alma de dolor; y todos los nacidos en tu casa morirán en la edad viril. ³⁴Y te será por señal esto que acontecerá a tus dos hijos, Ofni y Finees: ambos morirán en un día".*

"Dios acusó a Elí de honrar a sus hijos más que al Señor. Antes que avergonzar a sus hijos por sus prácticas impías y odiosas, Elí había permitido que la ofrenda destinada por Dios para ser una bendición a Israel se convirtiera en algo abominable. Los que siguen sus propias inclinaciones, en su afecto ciego por sus hijos, y permitiéndoles que satisfagan sus deseos egoístas, no les hacen sentir el peso de la autoridad de Dios para reprender el pecado y corregir el mal, ponen de manifiesto que honran a sus hijos impíos más que a Dios. Sienten más anhelo por escudar la reputación de ellos que por glorificar a Dios; y tienen más deseo de complacer a sus hijos que de agradar al Señor y de mantener su servicio libre de toda apariencia de mal" (*Patriarcas y Profetas*, pág. 564).

SÁBADO

SACERDOTE Y JUEZ

7. Además del ministerio sacerdotal, ¿qué oficio cumplió Elí? ¿Durante cuántos años llevó la responsabilidad?

_____
_____
_____

 1 Samuel 4:16-18 *"Dijo, pues, aquel hombre a Elí: Yo vengo de la batalla, he escapado hoy del combate. Y Elí dijo: ¿Qué ha acontecido, hijo mío? ¹⁷Y el mensajero respondió diciendo: Israel huyó delante de los filisteos, y también fue hecha gran mortandad en el pueblo; y también tus dos hijos, Ofni y Finees, fueron muertos, y el arca de Dios ha sido tomada. ¹⁸Y aconteció que cuando él hizo mención del arca de Dios, Elí cayó hacia atrás de la silla al lado de la puerta, y se desnucó y murió; porque era hombre viejo y pesado. Y había juzgado a Israel cuarenta años".*

"Elí era sacerdote y juez de Israel. Ocupaba los puestos más altos y de mayor responsabilidad entre el pueblo de Dios. Como hombre escogido divinamente para las sagradas obligaciones del sacerdocio, y puesto sobre todo el país como la autoridad judicial más elevada, se lo consideraba como un ejemplo, y ejercía una gran influencia sobre las tribus de Israel. Pero aunque había sido nombrado para que gobernara al pueblo, no regía bien su propia casa. Elí fue un padre indulgente. Amaba tanto la paz y la comodidad, que no ejercía su autoridad para corregir los malos hábitos ni las pasiones de sus hijos. Antes que contender con ellos, o castigarlos, prefería someterse a la voluntad de ellos, y les cedía en todo. En vez de considerar la educación de sus hijos como una de sus responsabilidades más importantes, trataba el asunto como si tuviera muy poca importancia" (Patriarcas y Profetas, pág. 561).

NOTAS

ESTUDIO ADICIONAL

"A Elí, como sumo sacerdote y juez de Israel, Dios lo consideraba responsable por la condición moral y religiosa de su pueblo, y en un sentido muy especial, por el carácter de sus hijos. Él debió haber procurado refrenar primero la impiedad por medidas benignas; pero si estas no daban resultados positivos, debió haber dominado el mal por los medios más severos. Provocó el desagrado del Señor al no reprender el pecado ni ejecutar justicia sobre el pecador. No se podría confiar en él para que mantuviera puro a Israel. Aquellos que no tienen suficiente valor para reprender el mal, o que por indolencia o falta de interés no hacen esfuerzos fervientes para purificar la familia o la iglesia de Dios, son considerados responsables del mal que resulte de su descuido del deber. Somos tan responsables de los males que hubiéramos podido impedir en otros por el ejercicio de la autoridad paternal o pastoral, como si hubiésemos cometido estos hechos nosotros mismos" (*Patriarcas y Profetas*, pág. 564).

LECCIÓN 26

SAMUEL-SACERDOTE PROFETA Y JUEZ

Por favor lea el Informe Misionero de **HONDURAS** en la página 197

Sábado 28 de junio, 2025

"Desde los tiempos de Josué, jamás había sido administrado el gobierno con tanta sabiduría y éxito como durante la administración de Samuel. Investido por la divinidad con el triple cargo de juez, profeta y sacerdote, había trabajado con infatigable y desinteresado celo por el bienestar de su pueblo, y la nación había prosperado bajo su gobierno sabio. Se había restablecido el orden, se había fomentado la piedad, y el espíritu de descontento se había refrenado momentáneamente; pero con el transcurso de los años el profeta se vio obligado a compartir con otros la administración del gobierno, y nombró a sus dos hijos para que lo ayudaran. Mientras Samuel continuaba desempeñando en Ramá los deberes de su cargo, los jóvenes administraban justicia entre el pueblo en Beer-seba, cerca del límite meridional del país" (*Patriarcas y Profetas*, pág. 592).

DOMINGO

MINISTRANDO ANTE EL SEÑOR

1. ¿Qué servicio realizó Samuel desde el principio, cuando era apenas un niño?

1 Samuel 3:1 *"El joven Samuel ministraba a Jehová en presencia de Elí; y la palabra de Jehová escaseaba en aquellos días; no había visión con frecuencia".*

"Aunque era muy joven cuando se le trajo a servir en el tabernáculo, Samuel tenía ya entonces algunos deberes que cumplir en el servicio de Dios, según su capacidad. Eran al principio muy humildes, y no siempre agradables; pero los desempeñaba lo mejor que podía, con corazón dispuesto..." (*Conflicto y Valor*, pág. 144).

LUNES

LLAMADO A SER PROFETA

2. ¿Qué llamado recibió Samuel mientras ministraba en el santuario?

1 Samuel 3:4-5, 10-11 *"Jehová llamó a Samuel; y él respondió: Heme aquí. ⁵Y corriendo luego a Elí, dijo: Heme aquí; ¿para qué me llamaste? Y Elí le dijo: Yo no he llamado; vuelve y acuéstate. Y él se volvió y se acostó. ... ¹⁰Y vino Jehová y se paró, y llamó como las otras veces: ¡Samuel, Samuel! Entonces Samuel dijo: Habla, porque tu siervo oye. ¹¹Y Jehová dijo a Samuel: He aquí haré yo una cosa en Israel, que a quien la oyere, le retiñirán ambos oídos".*

"Ana consagró a Samuel al Señor, y Dios se le reveló a él en su niñez y juventud. Debemos trabajar mucho más por nuestros niños y jóvenes, pues Dios los aceptará para que hagan grandes cosas en su nombre, enseñando la verdad en países extranjeros a los que están en las tinieblas del error y de la superstición. Si mimáis a vuestros hijos, complaciendo sus deseos egoístas, si fomentáis en ellos el amor al vestido y desarrolláis la vanidad y el orgullo, haréis una obra que chasqueará a Jesús, quien ha pagado un precio infinito por la redención de ellos. El desea que los niños le sirvan con un afecto indiviso" (*Mensajes Selectos*, tomo 1, pág. 374).

 **MARTES**

3. ¿Cuán ampliamente se sabía en Israel que Samuel era un profeta designado por el Señor?

1 Samuel 3:20 "Y todo Israel, desde Dan hasta Beerseba, conoció que Samuel era fiel profeta de Jehová".

"Durante los años transcurridos desde que el Señor se manifestó por primera vez al hijo de Ana, el llamamiento a Samuel al cargo profético había sido reconocido por toda la nación. Al transmitir fielmente la divina advertencia a la casa de Elí, por penoso que fuera dicho deber, Samuel había dado pruebas evidentes de su fidelidad como mensajero de Jehová, 'y Jehová estaba con él; y no dejó sin cumplir ninguna de sus palabras. Todo Israel, desde Dan hasta Beerseba, supo que Samuel era fiel profeta de Jehová'" (*Patriarcas y Profetas*, pág. 578).

MIÉRCOLES

SIRVIÓ COMO JUEZ

4. ¿Qué otro cargo ocupó Samuel durante toda su vida? ¿Qué significó esto año tras año?

1 Samuel 7:15-17 "Y juzgó Samuel a Israel todo el tiempo que vivió. ¹⁶Y todos los años iba y daba vuelta a Bet-el, a Gilgal y a Mizpa, y juzgaba a Israel en todos estos lugares. ¹⁷Después volvía a Ramá, porque allí estaba su casa, y allí juzgaba a Israel; y edificó allí un altar a Jehová".

"Samuel había juzgado a Israel desde su juventud. Había sido un juez justo e imparcial, fiel en toda su obra" (*Spiritual Gifts*, tomo 4a, pág. 65).

"'Por entonces murió Samuel. Todo Israel se congregó para llorarlo y lo sepultaron en su casa, en Rama'. La nación de Israel consideró la muerte de Samuel como una pérdida irreparable. Había caído un profeta grande y bueno, y un juez eminente; y el dolor del pueblo era profundo y sincero. Desde su juventud, Samuel había caminado ante Israel con corazón íntegro. Aun cuando Saúl había sido el rey reconocido, Samuel había ejercido una influencia mucho más poderosa que él, porque tenía en su haber una vida de fidelidad, obediencia y devoción. Leemos que juzgó a Israel todos los días de su vida" (*Patriarcas y Profetas*, pág. 652).

JUEVES

5. ¿A quién nombró juez Samuel cuando se hizo mayor y ya no podía realizar viajes largos? ¿Cuán fieles fueron?

1 Samuel 8:1-3 "*Aconteció que habiendo Samuel envejecido, puso a sus hijos por jueces sobre Israel. ²Y el nombre de su hijo primogénito fue Joel, y el nombre del segundo, Abías; y eran jueces en Beerseba. ³Pero no anduvieron los hijos por los caminos de su padre, antes se volvieron tras la avaricia, dejándose sobornar y pervirtiendo el derecho*".

"Estos jóvenes, tanto por precepto como por ejemplo, habían recibido una fiel instrucción de su padre. No ignoraban las amonestaciones dadas a Elí y los castigos divinos que cayeron sobre él y sobre su casa. Aparentemente eran hombres de virtud e integridad genuinas, y también promisorios intelectualmente. Samuel compartió con sus hijos las responsabilidades de su cargo con pleno consentimiento del pueblo; pero aún había de probarse el carácter de estos jóvenes. Separados de la influencia de su padre se vería si eran leales a los principios que él les había enseñado. El resultado demostró que Samuel había sido dolorosamente engañado por sus hijos. Como muchos jóvenes de nuestros días que disfrutan de la bendición de estar bien capacitados, pervirtieron las facultades recibidas de Dios. El honor que les había sido conferido los volvió orgullosos y autosuficientes. No tuvieron como meta la gloria de Dios ni lo buscaron fervientemente en procura de fortaleza y sabiduría. Rindiéndose al poder de la tentación se volvieron avaros, egoístas e injustos. Declara la Palabra de Dios que 'no anduvieron los hijos por los caminos de su padre, antes se volvieron tras la avaricia, dejándose sobornar y pervirtiendo el derecho'" (*Signs of the Times*, 2 de febrero de 1882).

VIERNES

ISRAEL PIDIÓ UN REY

6. Después de muchos años de administración de la nación por parte de los jueces, ¿qué petición le presentaron a Samuel los ancianos de Israel? ¿Qué le pareció esta propuesta?

1 Samuel 8:4-7 "*Entonces todos los ancianos de Israel se juntaron, y vinieron a Ramá para ver a Samuel, ⁵y le dijeron: He aquí tú has envejecido, y tus hijos no andan en tus caminos; por tanto, constitúyenos ahora un rey que nos juzgue, como tienen todas las naciones. ⁶Pero no agradó a Samuel esta palabra que dijeron: Danos un rey que nos juzgue. Y Samuel oró a Jehová. ⁷Y dijo Jehová a Samuel: Oye la voz del pueblo en todo lo que te digan; porque no te han desechado a ti, sino a mí me han desechado, para que no reine sobre ellos*".

"La gran debilidad de la iglesia ha sido la dependencia del hombre. Los hombres han deshonrado a Dios por no apreciar su suficiencia, por codiciar la influencia de los hombres. Israel se debilitó por la misma causa. El pueblo quería ser igual a las demás naciones del mundo, de modo que exigieron un rey. Decidieron ser guiados por un poder humano visible, en vez del poder divino, que era invisible, el cual los había dirigido y guiado hasta entonces, y les había dado la victoria en las batallas. Efectuaron sus propias elecciones y como resultado se produjo la destrucción de Jerusalén y la dispersión de la nación" (*Testimonios para la Iglesia*, tomo 6, pág. 252).

📅 SÁBADO

7. Aunque una monarquía no era conforme al ideal de Dios, ¿cómo cumplió Samuel su mandato?

➤ 1 Samuel 9:15-16; 10:1 "Y un día antes que Saúl viniese, Jehová había revelado al oído de Samuel, diciendo:¹⁶Mañana a esta misma hora yo enviaré a ti un varón de la tierra de Benjamín, al cual ungirás por príncipe sobre mi pueblo Israel, y salvará a mi pueblo de mano de los filisteos; porque yo he mirado a mi pueblo, por cuanto su clamor ha llegado hasta mí.... ¹⁰:¹Entonces Samuel tomó una copa de aceite, y la derramó sobre su cabeza, y lo besó, y dijo: ¿No es porque Jehová te ha ungido por príncipe sobre su heredad?".

"Pero el pueblo no aceptó el consejo de Samuel y continuó exigiendo un rey.... Aquí Dios concedió al Israel rebelde lo que resultaría una pesada maldición para ellos, porque no se someterían a que el Señor gobernara para ellos. Pensaron que sería más honroso ante los ojos de otras naciones que se dijera: Los hebreos tienen rey. El Señor ordenó a Samuel que ungiera a Saúl como rey de Israel. Su apariencia era noble, propia del orgullo de los hijos de Israel. Pero Dios les dio una exhibición de su disgusto. No era una estación del año en la que recibieran fuertes lluvias, acompañadas de truenos" (*Spiritual Gifts*, tomo 4a, págs. 67-68).

NOTAS

ESTUDIO ADICIONAL

"La injusticia de estos jueces causó mucho desafecto, y así proporcionó al pueblo un pretexto para insistir en que se llevara a cabo el cambio que por tanto tiempo había deseado secretamente. ... No se le había hablado a Samuel de los abusos cometidos por sus hijos contra el pueblo. Si él hubiera conocido la mala conducta de sus hijos, les habría quitado sus cargos sin tardanza alguna; pero esto no era lo que deseaban los peticionarios. Samuel vio que lo que los movía en realidad era el descontento y el orgullo y que su exigencia era el resultado de un propósito deliberado y resuelto" (*Patriarcas y Profetas*, pág. 593).

"La vida de Samuel desde su temprana niñez había sido una vida de piedad y devoción. Había sido puesto bajo el cuidado de Elí en su juventud, y la amabilidad de su carácter le granjeó el cálido afecto del anciano sacerdote. Era bondadoso, generoso, diligente, obediente, y respetuoso. ...

"Cuán conmovedor es ver a la juventud y la vejez confiando la una en la otra, a los jóvenes buscando consejo y sabiduría en los ancianos, a los ancianos buscando ayuda y simpatía en los jóvenes. Así debiera ser. Dios quisiera que los jóvenes poseyesen tales cualidades de carácter, que encontraran deleite en la amistad de los ancianos, para que puedan estar unidos por los fuertes lazos del cariño con aquellos que se están aproximando a los bordes del sepulcro" (*Conflicto y Valor*, pág. 144).

INFORME MISIONERO DEL CAMPO DE
HONDURAS

La Ofrenda Especial de Escuela Sabática
se recogerá el sábado 5 de Julio de 2025

¡Los creyentes en Honduras saludamos cordialmente con un abrazo fraterno a toda la iglesia de Dios en el mundo! "Amado, deseo que tú seas prosperado en todas las cosas, y que tengas salud, así como prospera tu alma" 3 Juan 1:2.

Honduras, que está ubicada en el corazón de Centroamérica, con su capital en Tegucigalpa, obtuvo su independencia de España el 15 de septiembre de 1821. Su idioma oficial es el español y su moneda es la lempira. El territorio se extiende por 112.492 kilómetros cuadrados (69.900 millas cuadradas) y tiene una población de 9,5 millones. Sus fronteras tocan tanto el océano Atlántico como el Pacífico. Honduras se caracteriza por ser el país más montañoso de la región y cuenta con muchos recursos naturales, flora y fauna. Limita con los países de Guatemala, El Salvador y Nicaragua. Una encuesta realizada en 2020 indicó que el 49 por ciento de la población profesa el catolicismo; el 40 por ciento, protestantismo; el 8 por ciento, ninguno; y el 3 por ciento, otras religiones.

El mensaje de la Sociedad Misionera Internacional llegó a Honduras en la década de 1960 y se estableció en la ciudad capital de Tegucigalpa. El pastor Raúl Escobar (Chile) y Nautilio Bolaños (Costa Rica) hicieron un maravilloso trabajo de colportaje. Poco después, el pastor Carlos Kozel (Alemania) visitó el país como representante de la Asociación General, acompañado por el hermano Pedro Prieto (México). Este último visitó un poco más tarde la comunidad de San José, Departamento de Choluteca, con el pastor Escobar, donde encontraron a muchos creyentes adventistas. El hermano Santos Félix Barahona fue el primero en aceptar el mensaje de la Reforma y lo compartió con su hija, Juanita Barahona, quien luego se casó con el hermano Roberto López. Este matrimonio eran misioneros que viajaron a otros lugares del país.

La iglesia en Honduras se encuentra debidamente establecida y organizada. Cumple con todos los requisitos de la Asociación General, se encuentra registrada, cumpliendo con las leyes del país y la constitución de la República de Honduras.

El Campo Hondureño cuenta actualmente con 3 ministros activos, 1 ministro jubilado, 18 obreros bíblicos activos, 6 ancianos ordenados y 2 colportores. Está dividido en seis distritos con sus respectivos líderes y 360 miembros repartidos por todo el país. La labor evangelística se realiza en dos centros de salud y una escuela con tres niveles educativos. Se organizan campañas públicas en diferentes lugares con equipos médicos y se realiza labor misionera de casa en casa con distribución masiva de pequeños folletos tomados del Espíritu de Profecía.

Como ya es sabido en la División Latinoamericana y en la Asociación General, Honduras es un campo que carece de un edificio sede adecuado. Sólo tiene una oficina mal equipada que es utilizada por el presidente, el secretario y el tesorero. No hay sala de reuniones ni oficinas, por lo que cuando los líderes nos visitan, no hay instalaciones disponibles para alojarlos. Además, las regulaciones del gobierno de Honduras exigen que el campo cuente con una edificación que satisfaga las necesidades de una organización cristiana sin fines de lucro.

Por eso, hacemos un llamado y oramos para que Dios toque los corazones generosos de nuestros hermanos, hermanas y amigos en el mundo que lean este informe misionero, para que den apoyo, oren y aporten generosas ofrendas, sabiendo que el Señor recompensa al dador alegre. Nuestro deseo es construir un edificio sede con oficinas apropiadas donde podamos trabajar para la honra y gloria de Dios.

El Señor bendiga sus donaciones rica y abundantemente.

—Pastor Inocencio Guardado Mejía
Presidente del Campo Hondureño

NOTAS

NOTAS

Made in the USA
Columbia, SC
19 November 2024